은 수 미 의

희망
마중

은 수 미 의

# 희망
# 마중

은수미 지음

윤출판

# '여러분의 시대'는 옵니다

우리가 친구를 경쟁자로만 바라보고, 경쟁에서 이겨도 항상 불안해하며, 경쟁에서 지면 절망과 자괴감에 시달릴 수밖에 없게 만든 책임이 당신과 같은 기득권 세력에 있지 않나요? 왜 그냥 지켜보기만 하는 건가요?

제발 우리에게 바뀌라고 하지 마세요. 돈과 능력과 연줄이 있는 어른들, 가진 사람들이 뭔가 해보세요. 우리 앞의 현실만으로도 이미 우리는 충분히 힘겹습니다.

내가 만난 청년들은 스스로의 삶을 만들어가기 위해 분투하고 있었지만 현실의 벽 앞에서 실망하고 좌절하고 분노했다. 정규직 일자리를 구할 수 있을지 자신도 없고, 부모 세대만큼 돈도 못 벌 것 같고, 내 집 마련 같은 건 꿈에도 생각 못 할 거라고 말한다. 그런 자신들에게 생활비와 학비를 마련해주느라 고생하시는 부모님에게 고맙고 또 미안하다며 고개를 떨군다.

이들에게 아직 노력이 부족하다, 편한 일자리만 찾으려고 하면 안 된다, 너뿐만 아니라 모두가 힘들다, 이렇게 대답하는 건 무

책임한 일이다. 부모 세대 중에는 우리도 힘들었다고, 민주화를 위해 대학 졸업장 같은 것쯤, 안정된 직장쯤은 기꺼이 포기했노라고 항변할 사람도 있을 것이다. 감옥에 가는 것도 마다하지 않았는데 우리더러 무엇을 더 했어야 한다고 요구하는 것이냐 목소리를 높일 사람이 있을지도 모르겠다. 그러나 나를 포함해 기성세대는 더 많은 일을, 좀 더 제대로 했어야 했다. 그렇게 하지 못해서 나는 청년들에게 진심으로 미안하다.

하지만 '그럼에도 불구하고' 여러분은 스스로의 손으로 세상을 바꿀 것이며, 그렇게 여러분의 시대는 온다는 이야기를 하기 위해 이 글을 쓴다. 새로운 시대가 어디에서 어떻게 시작될지 알고 싶고 더 나은 내일을 만들 수 있으리라는 희망을 찾고 싶어서이기도 하다.

헬조선과 N포 세대를 말하는 청년들과 그 부모 세대의 다른 점이라면 '희망'의 있고 없음이 아닐까. 부모 세대는 군사 독재 정권의 감시와 억압과 폭력 아래에서 청춘을 보냈지만 그래도 희망을 품었던 세대였다. 내가 이 책에서 일부분 나의 경험에 기대어 민주화 세대에 대해 조금 긴 듯한 이야기를 풀어놓은 이유는 우리 세대를 변명하고자 함이 아니다. 자칫 잘못해서 그 이야기가 "왕년에 말이야" 하는 기성세대의 잘난 체로 비춰지면 어쩌지 하는 걱정이 없었던 것은 아니나, 우리가 어디에서 와서 어디로 가고 있는지 돌아보는 게 필요하다고 생각했기 때문이다. 신구 세대 간에 어느 쪽이 맞고 틀리다의 논쟁이 아닌 이해와 경청의 시간이 마련되도록 하는 데에 작은 기여를 할 수 있기를 바랄 뿐이다. 너무 당연하게도 우리는 함께 가야 하니까.

그런데 어쩌다가 청년들이 불온하게 질문하고 당당하게 참여하는 주체가 아니라 순하게 대답하고 동원되는 대상으로 전락하게 되었을까. 왜 청년들이 '진지충'이라는 말로 정치에 대한 관심을 꺼버렸을까.

아무것도 아닌 '왜?'라는 질문에 청년들이 어째서 그토록 조심스러워 하는가를 세심하게 들여다보아야 하는 이유는, 그것이 청년만의 현실이 아니라 우리 모두의 현재와 미래와 관련이 있기 때문이다.

사람은 밥만으로 사는 존재가 아니다. 일터와 강의실, 광장 등에서 자기 존재를 주장하는 사람을 우리는 시민이라 부른다. 자유와 정의와 평등과 인권, 이것들은 사람이 시민으로 살기 위한 필수 조건이다.

그러나 사실상 시민이 되기란 쉽지 않다. 대부분의 청년이 알바와 스펙 쌓기, 점수 따기에 정신없이 매달려야 하고 회사 면접을 보기 전에는 트윗과 페이스북의 글을 지워야 한다. 친구들과 현실에 대한 불만을 토로하고 돌아서서는 또다시 '자기 계발'을 해서 혼자라도 늪에서 벗어나야 한다고 다짐하기도 한다. 한마디로 "시민이 되려고 해도 일단 취업을 먼저 해야 할 것 같아요."라는 게 솔직한 고백일 것이다. 이는 알바가 어떻게 시민이 될 수 있느냐 하는 문제 제기이기도 하다. 나는 이렇게 말하는 청년들에게 우리들 각자가 존엄한 존재라는 것을 꼭 말하고 싶다.

당신은 존엄하다, 당신은 태어나서 죽을 때까지
존중받아야 한다. 당신이 대한민국이다.

나는 우리 헌법이 하는 이야기란 바로 이것이라고 생각한다.
그러나 우리 주변에서도 그렇고 이 책에도 그와 반대되는 사례가
한가득 있다. 민주주의와 인권을 짓밟은 정권, IMF 경제 위기 그
리고 양극화, 비정규직, 하청과 파견 노동자, 정리해고와 실직, 노
조 금지와 노조 와해 공작 등등. 그러나 또한 이것들에 저항한 사
람들의 이야기도 빠지지 않는다. 스스로의 존엄을 지키기 위해, 우
리 아이들만큼은 더 나은 세상에서 살게 해야 하니까, 그럴 수 있
으리라는 희망을 찾기 위해 목소리를 낸 사람들이 있었다. 앞에서
끌어주고 뒤에서 밀어주는 사람의 온기가 우리를 여기까지 오게
했다. 때때로 진짜 '변화'를 만들어낼 수 있을 것 같은 기대에 마음
부푼 적도 있었다.

하지만 기대와 함께 고개를 드는 불안감을 떨치기 힘들다. 변
화가 반드시 앞으로 나아가는 것만을 뜻하는 것은 아니기 때문

이다. 항상 개혁적이지도 않다. 과거로 돌아가자는 구세대와 앞으로 나아가자는 미래 세대, 둘 간의 힘의 충돌이 곳곳에서 대격변을 만들어낸다. 그 속에는 트럼프도 있고 샌더스도 있으며, 박근혜도 있고 촛불 시민도 있다. 2006년 미국 잡지 「타임」의 '올해의 인물'은 우리(YOU)였다. 5년 뒤인 2011년에는 시위자(PROTESTER), 그 이듬해에는 오바마였다. 이때만 해도 뭔가 바뀌는 것 같았다. 하지만 2016년의 인물은 트럼프였다. 그래서 누군가는 죽 쑤어 남 좋은 일 하는 게 아니냐고 걱정한다.

그럼에도 불구하고, 현실이 지옥일지라도, 시간이 좀 더 필요하게 되더라도, 여러분의 시대는 온다. 겨울이 봄의 씨앗을 품고 있듯, 꽁꽁 언 강 저 깊은 곳에서는 여전히 물이 흐르고 있듯 그렇게 여러분의 시대는 온다. 이것은 당위나 신념을 말하는 게 아니다. 위안도 아니다. 우리의 역사가, 시민의 작은 행동이 기적처럼 새로운 시대를 만들어낸 기록들이 그렇게 말한다. 우리는 이미 응답했다. 답을 했으면서도 자꾸만 다시 묻게 되는 건 기쁨보다는 슬픔이, 성공보다는 실패가 더 강하게 기억에 남아 있기 때문인지도 모른다. 1퍼센트의 기득권 세력, 높이를 가늠할 수 없는 철벽이 항상 우리 앞을 가로막고 있다는 두려움 때문이기도 하다. 좌절과 불행의 경험은 사람들을 위축시킨다. 자기 검열을 하는 줄도 모른 채 알아서 조심하고, 그저 부끄럽고 죄송하다는 말을 입버릇처럼 달고 산다. 정치인으로서의 내 경험도 크게 다르지는 않았던 것 같다. 그러나 우리가 모르는 사이 희망은 자라고 있었다.

우리 역사에서 더 나은 세상, 미래에 대한 희망이 빛났던 시기는, 언제나 당대의 청년 세대가 희망을 가졌을 때였다. 청년이 도전하고 청년이 저항하며 청년이 요구할 때 세상이 바뀌고 정치가 변했다. 1960년 4월 19일이 그러했고, 1987년 6월 10일이 그러했다. 역설적이게도 청년을 위한 세상이라야 노인을 위한 세상이 될 수 있고, 청년의 현실이 우리 모두의 미래를 규정짓는다.

이 이야기를 하고 싶었다. 취업을 위해 점점 더 어릴 때부터 경쟁해야 하는 재벌 국가, 꿈이 '정규직'인 불평등 사회에서 우리의 시대는 오는가. 저 높은 벽을 부수고 자유와 평등의 창공을 향해 날아오를 수 있는가. 이렇게 묻다 잠든 피곤한 어깨들을 토닥이며 자장가처럼 들려주고 싶었다. 그러나 이 이야기는 "왕자와 공주는 행복하게 살았습니다."로 끝나지는 않을 것이다. 오히려 이렇게 끝이 날 것이다.

기득권은 그냥 무너지지 않습니다.
사람들이 요구한다고 해서 기득권 세력이 스스로
내려놓는 법도 없습니다. 기득권은 빼앗는 것이며
쟁취하는 것입니다. 그것이 인류의 역사입니다.
당신의 미래가 궁금하다면 당신의 현재를 보십시오.
바로 지금 당신의 행동이 당신의 미래이고,
지금 이 순간 우리의 행동이 우리 모두의 희망입니다.

2017년 3월
은수미

차례

1장

# 내 자리는
# 있을까

멋진 사람이 되고 싶다 생각해서 제 딴에는 열심히 살아왔는데, 세상 돌아가는 걸 보면 그저 허탈감만 들어요. 이렇게 공부하고 노력하면 과연 제 꿈을 이룰 수는 있는 건지, 멋진 어른이 될 수 있을지 답답합니다. 의원님은 진짜 힘들거나 지쳤을 때 어떻게 극복하셨나요? 요즘 저는 학교생활이며 사회생활이며 모든 게 너무 힘들어서, 자려고 누우면 눈물만 나요. 미래가 너무 걱정되고, 이대로 세상이 끝났으면 좋겠어요.

밤 11시쯤 귀가해서 확인한 페이스북에는 이런 메시지가 남겨져 있었다. 힘내라는 답글을 쓰면서도 가슴이 아팠다. 글을 반복해서 읽는 동안 그가 처한 상황이 그려졌다. 광화문 광장에서 촛불을 들고 트윗이나 페이스북에서 '좋아요'도 누르고 때로는 포스트잇으로 의견을 말하지만, 막상 자신의 생활로 돌아오면 현실의 벽은 차갑고 높다. 스스로 한없이 강한 듯 느끼다가도 한없이 약해지기를 하루에도 몇 번씩, 결국 누군가에게 넋두리라도 해야 잠이 들겠다 싶어 메시지를 보내온 것이다.

답장을 받을 거라고는 전혀 기대하지 않았다며 기뻐하던 그대에게, 페이스북으로 미처 다하지 못한 이야기를 여기 꺼내놓는다. 처음부터 힘겨운 현실을 이야기해야 하나 망설였지만, 그러기로 마음먹었다. 왜 우리가 희망보다 절망에 더 익숙한가를 살펴보아야 길을 찾을 수 있다고 생각하기 때문이다.

# 당신을 사랑합니다

대한민국 헌법 제10조는 "모든 국민은 인간으로서의 존엄과 가치를 가지며, 행복을 추구할 권리를 가진다. 국가는 개인이 가지는 불가침의 기본적 인권을 확인하고 이를 보장할 의무를 진다."고 선언한다. 사람은 존엄하며, 성별이나 학력이 어떠하든, 장애나 재산, 능력의 있고 없음과는 무관하게 누구든 당연한 권리로서 인권을 보장받는다. 헌법 정신은 대통령과 국회와 행정부더러 국민을 향해 '당신은 존엄합니다, 당신을 보호하겠습니다, 당신을 사랑합니다'라고 선언할 것을 명령한다. 이 불가침의 인권은 사실 전 세계 사람들의 합의이기도 하다. 역사적으로 수없이 많은 사람이 목숨을 잃은 대가로 얻은 소중하고 위대한 결과물인 것이다.

1914년부터 1945년까지 30년 동안 인류는 두 차례의 세계대전을 치르며 서로 잔인하게 죽이고 죽임을 당했다. 1939년에 시작된, 인류 역사상 가장 파괴적인 전쟁이라 불리는 제2차 세계대전에서는 최소 6천만 명이 목숨을 잃었다. 참혹한 전쟁을 겪고 살아남은 이들은 그 어떤 희망과 신뢰도 가질 수 없었다. 그들은 스스로에게 물었다. 왜 이런 참혹하고 잔인한 일이 벌어진 것일까?

이 질문에 대한 한 가지 대답은, 사람을 존엄과 인격을 가진 존재가 아니라 자연 자원처럼 무언가의 수단이 되는 '자원'으로 취급한 탓이라는 것이었다. 이런 깨달음 끝에 인류의 대표자들, 즉 노동자 대표와 사용자 대표 그리고 정부 대표는 1944년 미국 필라델피아(마침 이 이름의 어원이 그리스어 '형제애'에서 왔다)에 모여 4가지 조항으로 된 '필라델피아 선언'1을 발표하기에 이른다. 노동은 상품이 아니라는 그 선언에 힘입어 노동하는 사람의 인권 보장이 국가의 목표가 될 수 있었다. 개인의 무능력 때문이라고 하던 빈곤도 함께 힘을 모아 없애야 하는 사회적 문제로 바뀌었으며, 표현과 결사의 자유라든가 사회 안전망 같은 게 중요한 과제로 떠올랐다.

필라델피아 선언에 이어 1948년에는 국제연합 총회에서 세계

---

1 필라델피아 선언은 다음과 같다. ① 노동은 상품이 아니다. ② 표현의 자유와 결사의 자유는 부단한 진보의 필수 불가결한 조건이다. ③ 일부의 빈곤은 전체의 번영을 위태롭게 한다. ④ 결핍과의 투쟁은 각국에서 불굴의 의지로, 노동자 대표와 사용자 대표가 정부 대표와 동등한 지위에서 공동선의 증진을 위한 자유로운 토론과 민주적인 결정에 함께 참여하는 지속적이고도 협조적인 공동 노력에 의하여 수행되어야 한다.

인권선언이 채택된다. 모든 사람이 불가침의 인권을 가진 동등한 존재로서 어떤 차별도 받지 아니하여야 한다고 확인하면서, 전 세계는 이후 30년간 복지국가의 황금시대를 열게 된다. 사람을 자원쯤으로 취급하던 시대에서 사람을 인간으로 존중하는 시대로 변화해간 것이다. 예를 들어, 스웨덴에서는 사회 복지가 더 이상 자선이나 시혜가 아닌 시민의 권리로 자리 잡았다. '모든 아이는 모두의 아이다'라는 말로써 보육의 사회적 책임을 강조할 뿐 아니라, 모든 시민은 태어나는 순간부터 실업이나 질병, 가난에서 자유로워야 하며 일한 대가나 능력의 대가가 아니라 시민권이 있기에 인간다운 삶을 살아갈 권리를 갖는다고 선언한다.

이러한 시대정신은 대한민국의 헌법에도 그대로 녹아들었다. 참혹한 전쟁을 겪은 과거 세대가 미래 세대에게 바치는 사랑의 약속, 국가가 국민에게 헌정하는 존엄의 약속으로서 대한민국 헌법이 탄생한 것이다.

하지만 현실에서 우리는 국가가 우리를 사랑한다는 이야기를 들어본 적이 없다. 학교에서 가르치지도 않는다. OECD(경제협력개발기구) 회원국들에서는 초등학교 정규 수업에 들어 있는 노동권이나 시민권 교육이 한국의 교육과정에는 없다. 한국의 대학교에는 취업 센터는 있을망정 아르바이트를 하거나 취업한 학생들 또는 졸업생들을 위한 인권 센터는 거의 존재하지 않는다. 그나마 인터넷에서의 정보 교환 덕분에 최저임금이나 주휴수당에 대해 아는 사람은 늘어났지만 그것을 요구하거나 제대로 받고 있는 이는 드물다. 쏟아져나오는 자기 계발서들에서 혹시나 답을 찾을 수 있지 않을까 헤매고 있을 뿐, 헌법이나 인권에 대한 책에 대해서는 거의 아는 바가 없다.

게다가 정부와 재벌 기업들은 사람을 물건이나 자원으로 취급해 '쓸모'로써 평가해야 한다고 주장한다. 이삿짐을 쌀 때 쓸모 있는 물건을 챙기고 쓸모없는 물건은 버리고 가는 것처럼, 사람에 대해서도 얼마든지 버려도 된다고 정부가 나서서 권장한다. 노동 시장, 취업 현장이 이렇다 보니 취업 준비생인 청년들은 이미 어릴 때부터 스스로의 쓸모를 입증하는 일에 익숙해질 수밖에 없다. 점수와 등수, 스펙은 말할 것도 없고 외모, 인맥, 심지어 부모의 재산에서까지 고성과자가 되어야 한다. 더구나 오늘 쓸모를 인정받았다고 해서 내일도 그렇게 인정받으리라는 보장이 없다. 경기가 어려워지거나 경영 실패로 회사 사정이 나빠지거나 하면 갑자기 쓸모없는 사람이 되어 거리로 내몰린다. 명백한 헌법 위반이지만 그런 말조차 하기 어렵다. 정부가 나서서 강제하고 있는데, 경쟁과 효율성이라는 '가치'가 우리 삶 곳곳에 스며들어 있는데 한 사람의 개인이 무슨 수로 저항할 수 있겠는가. 겨우 반대의 목소리를 내봤자 무능력해서 경쟁을 싫어한다는 이야기나 듣기 십상이다.

# 흙수저 빙고 게임

한 포털사이트에서 '청년'의 연관어 검색 순위를 조사해보니 1위가 실업, 2위가 일자리였다.[1] 그리고 정부, 사회, 경제, 기업, 취업, 세대, 교육, 고용이 10위 안에 들었다. 뒤를 이어 노동, 임금, 비정규직, 자살 등의 단어가 등장한다.

    사랑도 도전도 축제도 희망도 아니고 오직 직장과 취업만이 청년을 상징한다. 내 친구가 나보다 점수를 더 잘 받으면 가슴이 덜컥하고 등수가 하나라도 떨어지면 잠이 오지 않는다. 내 자리, 내 미래가 사라지기 때문이다. 네이버에서의 '청년 일자리' 연관어 검

---

[1] 스토리닷. 2014년 5월~7월까지의 빅데이터 분석 결과

색 결과[2]를 보면 1위가 글자 수 세기이고 2위가 알바이다. 하루에도 몇 번씩 자기소개서를 작성하면서 기업이 지정한 글자 수에 맞춰야 하는 탓에 청년들은 끊임없이 글자 수 세기 프로그램을 돌린다. 알바를 하고 자격증 공부를 하며 글자 수를 센다.

그러다 지치면 가끔 흙수저 빙고 게임[3]이라는 것을 한다. 가계 부채가 있는가, 고기 요리를 먹을 때 물에 넣는 고기 요리(국 또는 탕)를 자주 먹는가, 식탁에 깔린 식탁보가 비닐로 되어 있는가, 연립주택에 살고 있는가, 부모님이 건강검진을 안 받는가 등 25개 문항 중 해당되는 게 10개 이상이면 흙수저로 판명되는 게임이다. 내 자리는 없는 '당신들의 천국'에서 오늘을 살아가야 하는 청년들은 '당신'을 부러워하거나, '당신'이 되지 못해 절망한다. 할 수 있는 것은 내 친구, 내 이웃과의 경쟁뿐이다.

인권과 존엄을 이야기하는 헌법은 그저 종이에 쓰인 글자일 뿐 내 삶의 규칙이 되지 못한다. 어쩌다 인권과 존엄을 이야기하는 정

---

2  은수미의원실. 2015년 7월 네이버 연관 검색어 분석 결과
3  조금씩 바뀌기는 하지만 흙수저 빙고 게임의 25개 문항은 대체로 다음과 같다. 화장실에 물 받는 대야 있음-연립주택에 살고 있음-세뱃돈이 10만 원 단위를 못 넘겨봄-알바 해본 적 있음-부모님 건강검진 안 받음-집에 욕조 없음-집에 장판이 뜨거나 뜬 긴 곳 있음-부모님 취미 생활 없음-부모님이 자식 교육에 집착이 심함-브라운관 TV나 30인치 이하 평면 TV 있음-냉동실에는 비닐 안에 든 뭔가가 많음-부모님이 음식 남기지 말라고 잔소리함-가계 부채 있음-고기 요리는 물에 넣는 것을 자주 해 먹음-중고나라 거래해본 적 있음-엄마 아빠 이혼함-1년에 신발 한두 켤레를 번갈아 신음-식탁보는 비닐로 되어 있음(혹은 식탁 없음)-집에 비데 없음-에어컨 잘 안 틀거나 없음-본가가 월세나 1억 이하 전세임-인터넷 쇼핑 시 최저가 찾느라 시간 투자함-차 없거나 연식 오래됨(7년 이상)-옷장 안에 유행 지난 옷 많음-집에 곰팡이 핀 곳 있음.

치인을 만나면 거짓말한다는 생각부터 든다. 내가 알고 있는 삶의 규칙이란 한마디로 '의자놀이'이기 때문이다.

연극 무대를 상상해보자. 그곳에 사람 열 명과 의자 열 개가 둥그렇게 놓여 있다. 놀이 규칙은 의자 주위를 돌다가 호루라기 소리가 나면 얼른 의자에 앉는 것이다. 호루라기를 불 때마다 의자가 하나씩 줄어든다. 열 명이 의자 아홉 개를 두고 다툴 때는 다소간 여유가 있지만 의자가 여덟 개, 일곱 개, 여섯 개, 다섯 개로 줄어들면 싸움은 격렬해진다. 이 '의자놀이'에서 앉지 못하고 서 있는 사람들은 비정규직으로, 하청으로, 실업자로, 산재로 죽어나가는 이들이다. 그 사실을 알게 되면 싸움은 더 치열해질 수밖에 없다. 어느 순간, 나보다 아주 조금 더 잘나갈 뿐인 내 옆 사람이 밉다. 모자라는 의자를 차지하기 위해 싸워야 하는 내 친구가, 내 이웃이 싫다.

왜 내 의자가 없나요? 어릴 때부터 지금까지
정말 열심히 살았는데 내 자리는 어디에 있나요?

하는 질문에 호루라기가 답한다. 호루라기의 대답에서는 왠지 모를 꾸짖음 같은 게 느껴진다. "정규직이 네 의자에 앉았잖아, 저기 공기업 철밥통이 네 자리를 빼앗았군." "우리나라 청년들은 눈이 높아서 3D 업종을 싫어해." "지방대 나온 사람이 꿈도 크군." "네가 무능력해서 비정규직이 된 거야, 어디서 의자를 달라고 하나?"

호루라기만 그러는 것이 아니다. 의자놀이가 길어지면 질수록, 오래가면 갈수록 어느새 우리 자신이 호루라기의 목소리를 닮는다. 남성들은 "저기 군대도 갔다 오지 않은 김치녀가 내 자리를 빼앗았어."라고 소리 지르고, 여성들은 "우리를 성희롱하는 한남충이 자리를 빼앗아간 거야."라며 분노를 터뜨린다. 헌법이 아닌 의자놀이가 왜 우리의 규칙이 되어야 하느냐고 항의하는 사람은 거의 없다.

2015년 현재 1퍼센트 재벌 대기업이 가진 부동산이 966조이고 기업의 현금성 자산이 615조나 되는데 왜 구조 조정을 하고 임금 삭감을 하느냐고 묻는 일도 드물다. 삼성의 이재용 부회장은 증여세로 고작 16억 원을 내고 삼성 승계의 9부 능선을 넘었다. 현대의 정의선 부회장이 정몽구 회장의 뒤를 이어 현대자동차를 승계할 때 상속세를 제대로 낼 것이라고 믿는 사람은 아무도 없다. GS에너지 부사장의 열두 살짜리 차남은 2016년 5월 4일 배당금만 약 5억을 받았다. 이렇게 어린이날 선물로(대개 3월에 주총이 끝나고 4월 전후에 주식 배당금이 지급되므로) 1억 이상의 배당금을 받은 어린이 주식 부자가 100명이 넘는다. 재벌가에서 태어났다는 단 하나의 이유만으로 보통 사람은 꿈도 못 꾸는 부를 갖는다.

이런 불평등과 불공정을 바로잡아야 한다는 것을 모르지는 않는다. 그러나 개인이 무슨 수로 재벌을 이기겠는가. 그보다는 내 옆에 있는 친구를 이겨서 작은 자리라도 차지하는 게 현실적인 대안이다. 괜찮은 정치인이나 야당[4]이 있지 않느냐고? 사람들은 그들도 마찬가지라고 생각한다. 민주 정부 10년 동안 재벌 지배는 더 강화되었고 양극화는 더욱 심해졌다. 중산층이 몰락하고 비정규직이 더 늘어났다. 그러니 사람들은 야당 역시 재벌의 지배에 도전하기보다는 적당히 타협하고, 서민과 함께하기보다는 말만 그럴 듯하게 한다고 생각한다. 재벌 지배에 적극적으로 동조하지는 않았다 하더라도 방관했다고 느끼는 것이다. 야당도 항상 우리 편이기만 한 건 아니니, 청년들로서는 자신이 더 노력하는 수밖에 없다는 결론에 이른다. 하지만 노력해서 산을 하나 넘으면 또 다른 산이 나타난다. 아무리 넘어도 매번 제자리이다. 이렇게 해서 청년은 좌절부터 배운다.

의자놀이는 우리만의 문제가 아니다. 미국에서도 같은 일이 벌어졌다. 흔히 러스트벨트(Rust Belt)[5]라고 하는 지역에서 일해온 백인 중년 남성들 역시 일자리를 잃거나 소득이 줄어드는 의자놀이를 당해야 했다. 트럼프는 대통령 선거 기간 내내 '내 자리가 어디 갔느냐'고 묻는 사람들에게, 아시아계 이주자와 여성, 흑인, 히스패닉 들이 그들의 일자리를 빼앗고 아메리칸 드림을 가져갔다고

---

4 이 책에서 야당은 주로 민주당, 그리고 국민의당과 정의당을 포함함-편집자 주
5 러스트벨트(Rust Belt)는 미국의 중서부와 북동부 지역 일부를 표현하는 호칭이다. 자동차 산업의 중심지인 디트로이트를 비롯해 미국 철강 산업의 메카인 피츠버그, 그 외 필라델피아, 볼티모어, 멤피스 등이 이에 속한다.

답했다. 그러면서 힐러리와 같은 기득권 세력의 정치인과 미국 민주당이 이 지옥에 대한 책임을 져야 한다고 주장했다.

사회 비판적인 다큐멘터리 영화감독으로 잘 알려진 마이클 무어[6]는 이와 같은 미국인들의 분노를 읽어냈기에, 미국 대선이 치러지기 이미 4개월 전에 트럼프의 승리를 예견했던 것이다.

친구들이여, 그린베이부터 피츠버그까지는 잉글랜드 중부나 마찬가지다. 이들은 망가진 채 우울해하며 악전고투하고 있다. 시골 곳곳에 굴뚝이 서 있고, 우리가 중산층이라고 불렀던 것의 시체가 널려 있다. 분노와 적의를 품은 노동자들에게 레이건은 낙수 효과라는 거짓말을 했고, 민주당은 말은 번지르르하게 하면서도 큼직한 수표를 써줄 골드만삭스 로비스트에게 잘 보일 생각만 하며 그들을 버렸다. 영국의 브렉시트와 같은 일이 미국에서도 일어날 것이다. 엘머 갠트리(사기꾼 전도사의 이름으로, 소설과 영화의 제목이기도 하다)는 보리스 존슨(브렉시트 투표를 찬성으로 이끈 정치인)처럼 나타나 대중들에게 지금이 기회라고 설득하기 위해 아무 말이나 지어서 떠든다. 그들의 아메리칸 드림을 무너뜨린 사람들 전부에게 복수하라고 말이다! 아웃사이더 도널드 트럼프가 청소를 하러 나타났다! 그에게 동의할 필요는 없다! 그를 좋아할 필요조

---

6 마이클 무어(Michael Moore)는 <화씨 9·11>, <식코>, <볼링 포 콜롬바인> 등 비판적인 다큐멘터리 영화를 만든 미국의 감독이다.

차 없다! 그는 당신에게 이런 짓을 한 개새끼들의 한가운데에 던질 수 있는 당신의 화염병이다! 메시지를 보내자! 트럼프가 당신의 메시지를 전달할 것이다![7]

---

7   마이클 무어가 2016년 7월 23일자 허핑턴포스트에 기고한 글, "트럼프가 이길 수밖에 없는 다섯 가지 이유(5 Reasons Why Trump Will Win)"의 일부

# 고용 없는 하청 사회

지난 20년간 한국은 나라 전체가 거대한 '하청 사회'로 바뀌었다. 끊임없이 쓸모 있음을 입증해야 하는 가혹한 경쟁 과정에서 저성 과자나 능력 부족이라고 낙인찍힌 사람들은 비정규직, 하청, 영세 자영업자로 전락했다. 기업들은 경영이 어렵다는 이유를 들어 주 기적으로 일정 비율의 사람들에게 쓸모없음 딱지를 붙여 구조 조 정하는 관행을 정착시켰다. 그 결과 청년들은 아예 경쟁의 기회조 차 갖지 못한 채 하청 노동자, 알바로 사회에 첫발을 내디딘다.

하청 사회의 가장 큰 특징은 '고용 없이' 지배한다는 것이다. 과 거에는 고용계약이라도 맺고 일을 시켰다. 고용계약에 따라 임금 과 근로조건을 정한 후 4대 보험과 퇴직금을 보장해주었다. 물론

임금을 체불하거나 최저임금 이하인 사업장이 많았지만, 최소한 고용계약에 근거해 불법이라고 고발하거나 노동조합을 결성해 집단적으로 항의할 수는 있었다. 또한 고용계약이 있으면 기업이 마음대로 해고하는 게 쉽지 않다. 희망퇴직이나 명예퇴직을 시키려면 위로금이라도 주어서 내보내야 하고, 정리 해고도 멋대로 남발하지는 못한다. 하지만 하청 사회로 바뀌면서 사정이 달라졌다. 고용계약이 점차 '사업계약'으로 대체되는 탓이다. 노동자였던 시민들은 이제 개인사업자(특수고용이라고 불리는 자영업의 일종)가 되거나 하청 업체의 노동자가 된다.

예를 들어 재벌 대기업의 계열사인 대형 마트에서 판촉관리 업무를 하는 이영화(가명) 씨는 전에는 대형 마트의 직원이었지만 지금은 개인사업자이다. 그는 대기업 A에서 35만 원, 소규모 식품 업체 B에서 10만 원, 중소 납품 업체 C에서 25만 원 등 총 6개 업체에서 140만 원을 받는다. 통장으로 각각 들어오는 이 돈은 급여가 아니라 판촉관리 수수료이다. 물품 손상이나 산재가 발생하면 그의 부담이다. 이영화 씨는 대형 마트의 직원도 아니고 납품 업체의 직원도 아니지만 그들의 지시에 따라야 한다. 정직원보다 더 정직원처럼 일하지만 개인사업자일 뿐이다.

이영화 씨의 예처럼 재벌 대기업은 하청 업체나 개인과 사업계약을 맺는다. 문제가 생기면 해고가 아니라 계약을 해지하면 된다. 청소 용역 노동자가 청소 중 콧노래를 부르거나 소파에 앉거나 지시한 세제를 사용하지 않으면 원청 기업은 그가 속한 하청 업체와 계약을 해지할 수 있고 그러면 그 노동자는 일자리를 잃는다. 서비스센터의 하청 기사는 고객의 요구라면 무엇이든지 빠르고 신속하고 친절하게 응대해야 하며 몸에 묶는 안전 밧줄이 없어도 옥상에 올라가 위험한 설치 작업을 해내야 한다. 고객은 A사 마크가 있는 작업복을 입고 같은 마크가 찍힌 명함을 내미는 기사를 A사 직원이라고 생각한다. 기사 역시 고객이 A사 직원이냐고 물어오면 그렇다고 대답한다. 고객은 해당 기사의 서비스 수수료를 A사로 입금한다. 그러나 기사는 A사 직원이 아니다. 하청 기사가 고객 서비스를 제대로 못하거나 원청 대기업의 지시를 거부하는 경우, 사업계약만 해지하면 그 하청 기사는 일자리를 잃고 만다.

개인사업자의 신분이 되면 노동자가 아니니 노조는커녕 상조회조차 만들 수 없다. 이러한 조항이 달린 사업계약서에 서명한 후에야 '개인사업자'로서 일자리를 얻을 수 있다. 하청 업체에 취업한 노동자라면 개인사업자와는 달리 노조를 만들 수는 있지만 이역시 그림의 떡이다. 하청 업체에 노조가 생기면 대기업 원청 업체가 해당 업체와의 계약을 해지하는 경우가 많기 때문이다. 대개는 계약 업체가 바뀌어도 노동자들은 그대로 남아서 일을 했는데, 노조를 만들면 이러한 관행적인 고용 승계가 일어나지 않는다. 일자리가 사라지는데 누가 노조를 만들겠다고 나서겠는가. 게다가 노동자에서 개인사업자로 바뀐 사람들은 일을 알선해준 대가로 본사에 수수료까지 내야 한다. 또한 모든 위험 부담, 예컨대 택배 기사는 배송 물품의 분실이나 손상, 산재 등에 대해서도 혼자 책임을 져야 한다. 배송 유류비나 점심 식대, 홍보비는 말할 것도 없다. 질병으로 쉬어야만 할 때에도 회사에 내야 하는 수수료 때문에 입원을 꺼리게 된다.

아름답고 쾌적하며 널찍한 백화점은 하청 사회의 상징이다. 백화점 간판은 건물 주인의 이름일 뿐이다. 롯데나 신세계, 현대는 사실 토지와 건물을 소유한 채 모든 매장을 임대하는 건물 주인이다. 1층에 있는 화장품 매장을 임차한 또 다른 대기업은 매장 운영을 위해 정직원을 채용하기보다 판매 직원들을 대부분 파견업체로부터 파견받아 운영한다. 그래서 백화점 1층은 파견 매대라고 불린다. 2층부터는 일반적으로 의류 매장이 시작되는데 의류 매장은 매니저라고 불리는 개인사업자가 대부분이다. 판매에 따라 수수료를 받는 계약인지라 이 사람들에게는 근로 기록이 없고 4대 보험과 퇴직금이 없다. 그래서 은행에서 대출을 받기도 어렵다. 백화점 카드 업무를 하는 사람도 역시 개인사업자이고 경비 보안 시스템은 파견이거나 하청이며 계산원은 기간제, 청소는 하청, 주차는 아르바이트이다. 결국 이 아름다운 백화점에는 정직원이 거의 없고 비정규직과 하청만이 넘친다.

그러나 이러한 사실은 보이지도 들리지도 않는다. 이곳을 지배하는 주인은, 스스로는 직원을 고용하지 않은 롯데, 현대, 신세계와 그곳에 매장을 임차한 기업들이다. 이들 기업은 백화점에서 일하는 노동자들의 근무시간과 출퇴근 시간, 면접 및 채용, 고객 응대와 서비스, 매출 관리, 청소 등 모든 것을 고용계약 없이 지배한다.

> 직원 채용은 내가 매니저(개인사업자-저자 주)니까
> 내가 보고 뽑고, 그다음에 회사에서 컨펌을 받고,
> 백화점에서도 컨펌을 받아야 해요. 백화점에서 안 된다,
> 싫다 그러면 내가 뽑은 직원이라도 못 써요.
> 인상이 강하다, 나이가 많다, 백화점 이미지랑 안 맞다,
> … 백화점에서 그렇게 말하면 못 쓰는 거예요.[1]

직원이라고 불리지만 사실상 개입사업자이거나 하청 업체 노동자, 비정규직인 이 사람들은 고객과 다른 길로 다녀야 하며 엘리베이터에서 고객과 마주쳐도 안 되고 같은 화장실을 써도 안 된다. 휴게실은 지하 4, 5층에 있는 폐기물 처리 공간 옆이거나 물건을 쌓아둔 지하 창고 한쪽에 놓인 찢어진 소파, 지하로 내려가는 계단 등이다. 이들은 눈에 보이지 않다가 서비스를 제공할 때에만 화사한 미소를 짓고 고객과 만난다.

> … 기억에 남는 순간은 직원 전용(STAFF ONLY) 구역에
> 들어가던 날이었습니다. … 고객의 눈에 가장 화려하고
> 편리해 보이게 꾸며진 백화점이지만, … 스태프 온리 구역의

---

1 안미선·한국여성민우회, 『백화점에는 사람이 있다』, 그린비(2016)

출입문을 밀고 들어갔을 때, 어떤 곳은 철로 만들어진,
사람 키 높이의 기다란 사물함이 좁은 복도 양쪽에 가득
들어서 있었고, 어떤 곳은 상품으로 가득 찬 박스들이
공간을 한가득 메우고 있었습니다. 어딜 가나 상품이 담긴
종이 박스들이 가득 가득인 모습을 보며, 확실히 그곳은
'직원들을 위한 공간'이라기보다 '상품만을 위한 공간',
즉 창고 같다는 생각을 지울 수 없었습니다. … 여기는 엄연히
STUFF ONLY(물건 전용)가 아닌, STAFF ONLY(직원 전용),
직원들을 위한 공간이었습니다.[2]

하청 사회는 항상 이동할 준비가 되어 있는 '유목민의 사회'이
다. 우리나라 전체 노동자의 35퍼센트가 1년 미만의 단기계약자
이다. 또한 10년 이상 장기근속자는 OECD 회원국 중 최저 수준
으로, 20퍼센트가 채 안 된다. 말하자면 25세에 입사한 청년들 중
80퍼센트 이상이 35세 이전에 회사를 떠나 새로운 직장을 구해
야 한다는 것이다. 그 기간 동안 10여 차례 직장을 옮긴 사람들도
있다. 오아시스가 어디 있는지도 모르고 길을 찾아 떠나야 하는
사막의 유목민처럼 끊임없이 움직이는 이들에게는 집, 결혼, 정년
퇴직, 정규직 같은 정착민 사회의 단어는 낯설기만 하다. 청년들은
부모 세대보다 가난하고, 부모 세대와 달리 집 한 채 갖기도 어려
우며, 결혼하여 아이 낳고 사는 것도 미루는 유목민의 삶에 이미
익숙해졌다.

2  안미선·한국여성민우회, 앞의 책

# 저항하는 사람들

하청 사회에는 '사람'이 존재하지 않는다. 일하는 '기계'와 소비하는 '고객'은 있지만 사람은 없다. 그 어느 쪽도 아니라면 쓸모없는 '잉여'일 뿐이다. 기계이든 고객이든 잉여이든 소수 재벌 대기업의 '배터리'라는 점에서는 비슷하다.

가상현실을 다룬 SF영화 <매트릭스>를 보면, 주인공 네오가 가상현실에서 깨어 처음으로 자신의 모습을 보는 장면이 나온다. AI(인공지능)와 기계가 지배하는 세계에서 인간은 그들을 위한 동력, 즉 배터리로 키워진다. 인간의 생체열로 세상을 움직여야 하기 때문에 태어나서 죽을 때까지 잠든 채로 배양되는 인간에게는 가상의 세계 매트릭스가 꿈처럼 주입된다. 잠든 인간이 꿈을 꾸면 뇌가 활발하게 움직여서 배터리로서의 역할을 더 잘하기 때문이다. 하지만 진실을 깨달은 네오의 동료 중에는 다시 매트릭스의 세계로 돌아가기 위해 친구들을 배신하는 인물도 있다. 사람으로 눈을 뜨고 산다는 것은 매트릭스 세계에 저항하는 인간으로서의 행동이지만 목숨을 걸어야 한다. 너무 두렵고 힘들어 눈을 감고 싶고 깨어나고 싶지 않다는 절망이 과거로 돌아가고 싶은 욕망으로 바뀐다. 바로 그 욕망을 위해 내 동료와 이웃을 팔아넘기는 것이다.

하지만 대다수의 사람은 매트릭스의 세계로 돌아가기를 거부하고 인간으로 살기를 선택한다. 그런 사람들, 송곳처럼 저항하는 사람들은 우리 곁에도 있다. 하청이나 개인사업자로 순응해 살면 불안하긴 하지만 돈은 벌 수 있다. 그러나 반대로 하청노조에 가입하면 해고, 농성, 구속을 각오해야 한다. 동료의 해고는 막을 수 있을지 모르지만 자신은 막대한 희생을 치러야 할 수도 있다. 아무리 끈질기게 싸워도 언론에 기사 한 줄 나오지 않고 늘어나는 것은 빚뿐이다. 그래도 저항하는 사람들이 있다.

이렇게 고공에서 소리라도 질러야, 세상에 대고
소리라도 쳐야 언론이 관심을 갖지 않습니까?

무려 363일간 국가인권위원회 광고탑 위에 올라가 농성을 한 기아차 사내하청 노동자 최정명, 한규협 씨를 만나러 나도 그 꼭 대기에 올랐다. 그때 그들이 이렇게 말했었다. 난간도 가림막도 없이 발밑은 바로 깎아지른 절벽인 데다 바람 불면 그냥 날려가 버릴 좁고 경사진 그곳에서 몸을 묶은 채 두 사람은 1년을 버틴 것이다. 광고판을 가렸다는 이유로 손해배상 소송을 당하고 음식물 반입까지 제지당해 굶기도 했지만 그들은 포기하지 않았다.

불의에 맞서거나 부당한 일에 저항하다 보면 간혹 가족이 뿔뿔이 흩어지는 고통을 감수해야 하는 경우도 생긴다. 또한 분노와 저항 의지가 커져가는 만큼 실패와 좌절의 경험도 쌓인다. 생계 때문에 가족 때문에 떠나는 동료의 뒷모습을 바라보는 일이나 암이나 산재, 자살로 세상을 떠난 동료의 장례식에도 익숙해진다. 그러나 포기하지 못한다.

내 아이가 커서, 아빠가 그때 비겁해서
자신이 지금 하청으로 산다고 말할까 봐,
아이는 다르게 살게 하고 싶어서 용기를 냈습니다.

왜 하청노조에 가입했느냐는 질문에 하청 기사 부부가 편지한 장을 내밀면서 이렇게 대답했다. 이 부부의 가족에게 무슨 일이 있었던 것일까. 어린이날을 맞아 SK 하청 기사의 초등학교 자녀에게 SK 사업본부장이 보낸 편지가 도착했다. 만 원짜리 상품권 2매가 동봉된 편지에는 "이렇게 좋은 날에도 아빠가 많은 시간을 함께 보내지 못하는 건 아빠가 세계에서 최고로 손꼽히는 회사에서 열심히 일하고 있어서랍니다."라고 적혀 있었다. 이 편지를 받은 아이가 "우리 아빠 대기업 다녀."라며 친구들에게 자랑하는 것을 보고 부모의 가슴은 무너져내렸다. 노조에 가입하기로 용기를 낸 이유이다.

> 어떻게 하루 200개를 배달합니까?
> 바쁜 것은 알겠는데 200개 배달할 수 있는지
> 물어보기라도 해야 하는 것 아닙니까?
> 우리가 기계는 아니지 않습니까?

마이크를 잡은 우체국택배 노동자는 새벽 5시경 현장을 방문한 국회의원들 앞에서 말끝을 흐렸다. 우체국택배 로고를 달고 우체국 직원 복장을 하고 있지만 개인사업자인 택배 기사는 "복장과 두발은 단정해야 하며, 배달원을 구성원으로 하는 어떤 단체도 인정하지 아니한다."는 계약서에 서명했기 때문에 상조회도 만들지 못한다. 명절을 앞두고는 일거리가 밀려 새벽 5시에 출근하고 자정이 넘어서야 귀가하지만 실제 손에 쥐는 돈은 200만 원이 채 안 된다. 결국은 이분들도 스스로 협의회를 만들어 자신들의 인권과 존엄을 위해 싸우겠노라고 선언했다.

다산콜센터, SK브로드밴드, LG유플러스, 티브로드, CN&M 등 주로 통신 분야 하청 노동자들로 구성된 희망연대노조가 저항을 시작한 지도 이미 7년째이다. 일부 노동자들은 정규직이 되었고 정규직 노조와의 연대 사례도 만들었다. 쥐꼬리만 한 월급에 하루 10시간이나 12시간씩 일하면서도 지역 시민사회를 위한 봉사도 하고, 네팔 이주 노동자와의 만남을 계기로 네팔 아이들을 위한 학교도 열었다.

이 사람들만이 아니다. 벌써 10년 넘게 싸우고 있는 KTX 여승무원들이 있다. 스물다섯, 스물여섯 살이던 그들을 만난 게 엊그제 같은데 벌써 서른여섯, 서른일곱 살이 되었다. 33명이 아직 남아서 불법 파견 정규직 전환, 부당 해고 취하를 요구하며 1인 시위를 하고 있다. 처음에 이들은 1년이 지나면 정규직으로 전환시켜 준다는 약속을 받고 공개 채용 과정을 통해 입사했다. 그러나 코레일은 약속을 지키지 않았고 저항에 나선 승무원들은 1심과 2심에서 불법 파견·부당 해고라는 판정을 받아 승소했다. 하지만 납득할 수 없는 이유로 대법원 판결에서 졌고, 밀린 임금으로 돌려받았던 돈을 1인당 8,640만 원씩 반납해야 하는 채무자가 되었다. 세 살 난 아이의 엄마인 KTX 해고자 박모(35세) 씨가 충남 아산의 아파트에서 자살한 것이 이 즈음이다. 지난 10년간 삭발, 단식, 철탑 농성, 쇠사슬 시위 등 모든 방법을 동원해 저항했지만 끝내 실패한 좌절감이 한 여성을 죽음으로 내몬 것이다. 그러나 남은 사람들은 여전히 싸우고 있다.

또 있다. 삼성 백혈병 노동자와 유가족, 유성기업 노동자, 쌍용차 해고 노동자, 현대자동차 사내하청 노동자, 인천공항공사 하청 노동자, 대학교 청소 용역 노동자, KT 해고 노동자, 청주노인병원 간호간병사, 언론사 해고 노동자, 철도 노동자, 학교 비정규직 노동자, 현대중공업 하청 노동자, 아파트 경비원, 국립오페라단 해고자, 제주 강정해군기지 반대 시민들, 밀양 송전탑 반대 시민들, 청년유니온, 알바연대, 콜트콜텍 노동자, 대학교 시간강사… 끝없이 이어지는 이 이름들이 곧 저항의 명단이다.

# 2장

# 민주주의
# 시대를
# 살고 있는가

강사님, 할 말은 하고 마음껏 '불온해져라' 하셨지요?
저도 불온하고 싶습니다. 하지만 혼자만 그러면 뭐합니까?
그러다 잘못되면 저만 독박 쓰잖아요. 강사님 세대와는
달라요. 정치에 관심이 많은 애들은 친구들 사이에서도
진지충이라고 놀림을 당해요. 이게 현실이에요.

강의를 마치자 어느 학생이, 자기 친구에게 같이 강의를 들으러 오자고 설득하다가 실패했다는 말을 했다. 정치에 관심을 가지면 '진지충'이 된다. 현실이 너무 힘드니 정치 같은 건 멀리하고 좀 가벼이 살자는 것일까. 어차피 '내'가 어찌할 수 없는 영역이니 관심 끄라는 뜻인가.

광장에 모인 촛불이 점점 늘더니 해를 넘기고 누적 인원 1,500만을 헤아린다. 광장에 일렁이는 촛불을 보며 그 학생의 말을 떠올렸다. 이제 혼자라는 생각이 좀 줄어들었을까, 진지충이라는 놀림이 사라졌을까? 그러나 촛불 광장을 벗어나면 여전히 혼자라는 고립감, 무슨 소용이 있을까 하는 불안감에 사로잡히곤 한다는 이야기를 많이 듣는다. 당연한 일일 것이다. '겨울 혁명'이라고 불러도 될 정도로 촛불 전과 후의 대한민국은 확연히 다르겠지만 아직은 시작에 불과하기 때문이다. 불법과 불공정을 저지른 개인 혹은 집단이 승승장구해온 게 우리 역사인데 쉽사리 바뀔까, 끊임없이 되묻는 것이 자연스럽다. 그래서 먼저, 우리를 짓누르고 있는 것의 정체를 똑바로 바라볼 것을 제안한다.

# 악은 평범한 모습으로 우리 곁에 있다

제2차 세계대전 때 독일군 수용소를 탈출해 미국으로 망명한 한나 아렌트(Hannah Arendt, 1906~1975)는 유대인 출신 정치이론가이다. 1961년 예루살렘에서 나치 전범인 아돌프 아이히만에 대한 재판이 열리게 되자, 아렌트는 미국의 교양 잡지 「뉴요커」의 특파원 자격으로 예루살렘으로 가서 그 재판을 참관하고 기사를 연재한다. 그리고 이를 다시 『예루살렘의 아이히만』(1963)이라는 책으로 펴냈다.[1] 아돌프 아이히만(1906~1962)은 유대인 수백만 명을 학살 수용소로 이송시킨 학살의 실무 책임자였다.

---

[1] 한나 아렌트, 『예루살렘의 아이히만』, 김선욱 역, 한길사(2006)

아렌트는 '악의 평범성에 대한 보고서'라는 부제가 달린 그 책에서 아이히만이 엄청난 범죄자가 된 것은 그가 특별히 사악해서가 아니라 '순전한 무사유', 즉 평범한 무능성 때문이라고 말한다. 아렌트는 아이히만을 보면서 서로 긴밀히 연관된 세 가지의 무능성을 지적하는데 '말하기의 무능성', '생각의 무능성' 그리고 '타인의 입장에서 생각하지 못하는 무능성'이다. 특히 세 번째 무능성은 타인과 어떤 소통도 가능하지 않은 상태를 뜻한다. 아렌트는 '악의 평범성'이란 표현으로, 생각할 능력이 없는 성실하고 평범한 관료가 인류 최악의 범죄에 얼마든지 적극적으로 가담할 수 있음을 지적한다.

그런데 아렌트의 이 같은 주장은 유대인 사회뿐만 아니라 전 세계적으로 커다란 논란을 불러일으켰다. 아렌트의 말대로라면 아이히만은 그가 특별히 또는 비정상적으로 잔인했기 때문에 분명한 악의를 갖고 대량 학살과 인간 생체 실험을 지시한 것이 아니다. 오히려 그는 지극히 평범하고 정상적인 사람이었지만 생각이라고는 하지 않는 '무사유' 탓에 그런 일을 벌였다고 할 수 있다. 아렌트의 이 주장에 많은 사람이 격분했다. 어떻게 나치의 학살 범죄를 평범함 때문이라고 말할 수 있는가. 그런데 아렌트는 여기서 더 나아가 "우리 안에 아이히만이 있다."고 주장한다. 그렇다면 나치의 범죄가 "내 탓이요!"라는 말인가.

물론 아렌트의 주장은 내 탓이요와는 180도 다른 이야기이다.

그녀가 말하고자 한 것은 두 가지였다. 하나는 '악의 평범성'이라는 현상이 기이하고 비정상적인 상황이 아니라 일반적이며 정상적인 상황에서 발생한다는 것이다. 또 하나는 그처럼 정상적인 사회에서 악의 평범성이 만들어지는 조건에 주목해야 한다는 것이다. 아렌트는 아이히만이 "자신의 개인적인 발전을 도모하는 데 각별히 근면한 것을 제외하고는 어떠한 동기도 갖고 있지 않았다."고 하면서 "이러한 근면성 자체는 결코 범죄적인 것이 아니다. 그는 단지 자기가 무엇을 하고 있는지 깨닫지 못한 것"이라고 말한다. 그 결과 대참사가 벌어졌다는 주장이다.

> 수백만 명의 어른과 아이들을 상당한 열정과 세심한
> 주의를 기울여 죽음으로 보내는 일을 엄청난 근면함으로
> 반복한 '상상력의 결여', 어리석음하고는 그 의미가 다른
> '순전한 무사유' 때문이라는 것이다.

아렌트는 그렇기 때문에 '악의 평범성'이 왜 나타나는지, 어떤 조건에서 사람이 현실로부터 멀어지고 또 무사유가 퍼져서 아마도 인간 속에 존재하는 모든 악을 합친 것보다 더한 대파멸을 낳게 되는가를 살펴보아야 한다고 말한다.

비슷한 사례는 우리에게도 있다. 어떤 고문 기술자가 전두환 독재 정권의 명령에 따라 사람들을 불법으로 구금하고 고문한 후 끝내 죽음으로 내몰았던 일이 벌어졌었다. 이게 그 고문 기술자라

는 사람이 특별히 사악한 탓이었을까 아니면 스스로는 자신의 행
위가 직무를 성실히 수행한 것이고 심지어 애국하는 일이라고 믿
었던, 아렌트가 말한 무사유나 타인과의 소통 불능으로 인한 결과
인 것일까. 한때 얼굴 없는 고문 기술자로 불린 경감 출신 이근안
은 2010년 어느 주간신문과의 인터뷰에서 "지금 당장 그때로 돌
아간다 해도 나는 똑같이 일할 것이다. 당시 시대 상황에서는 '애
국'이었으니까."라고 말했다.[2] 아이히만도 비슷한 말을 했다. "양심
의 가책을 받은 적이 없는가?"라는 재판관의 질문에 그는 "명령
받은 일을 했기 때문에 양심의 가책을 받지 않았다."고 대답했다.

　학살, 고문 같은 끔찍한 일만 '무사유'로 벌어지는 것은 아니다.
다른 예를 들어보자. 재벌 대기업에 다니는 부장이 있다고 하자.
그가 재벌 회장의 지시에 따라 횡령과 탈세를 도왔다면 그 부장이
특별히 사악한 범죄자여서일까 아니면 상사의 지시라면 무엇이든
따르는 게 자기 직무라고 믿은, 무사유의 지배를 받은 결과인 걸
까. 박근혜 정권의 명령에 따라 온갖 위법 행위를 저지르고 또 그
것을 방조한 사람들, 예를 들어 블랙리스트를 만드는 데 적극적으
로 협력한 공무원들은 특별히 사악했기 때문에 그런 일을 한 걸까
아니면 자기 자리, 그 직을 잘 지킬 요량으로 윗사람의 지시에 앞
장서서 성실히 복종한 것일까. 아렌트의 주장에 따르면 후자이다.

---

2  일요서울 2010년 2월 16일(http://www.ilyoseoul.co.kr/news/articleView.html?
　idxno=11140)

그들 대부분이 특별한 악인들이어서가 아니라 스스로 무슨 일을 하는지 전혀 판단하지 않는 무능성과 평범함이 사회적 악을 낳은 것이다.

박근혜 탄핵 정국에서는 정부 주요 인사들의 몰염치가 주목을 받았다. 김기춘 전 비서실장은 모른다, 기억나지 않는다, 알지 못한다가 대답의 전부였다. 황교안 총리는 대통령 권한대행 직에 오르자마자 대통령급 의전을 요구하면서 자신은 흙수저 중의 흙수저, '무수저'라고 주장했다. 아렌트에 따르면 이들 역시 특별한 악인 혹은 악마라고 할 수 없을지 모른다. 자신의 행동이 시민의 입장에서는 어떤 의미를 갖는지 단 한 번도 생각해보지 않았고 그러면서도 승승장구한 탓에 염치라는 단어가 삭제된 것일 뿐이다. 왜, 어떤 조건에서 이런 사람들이 권력을 장악하고 악의 평범성을 퍼뜨리게 되는 것일까. 이런 사람들의 명령에 점점 더 적극적으로 복종하게 되는 이유는 어디에 있을까.

# 사람에서 노예로 후진하는 하청 사회

인간 사회에 항상 '악의 평범성'이 만연하고 있는 것은 아니나, 특정한 조건이 마련되면 악의 평범성은 독버섯처럼 자란다. 예를 들어 대다수 시민이 공론장에 참여해 행동하는 정치적 행위를 하지 못할 때, 정치적 불신이나 무관심이 지배적이 될 때, 목구멍이 포도청이어서 그저 시키는 대로 하는 사람이 늘어날 때, 어떤 견제나 비판도 받지 않는 평범한 악이 싹튼다. 한마디로 시민이 주인으로서의 역할을 할 수 있을 만큼 자유를 누리지 못하고 소수의 기득권 세력에게 권력이 집중되는 게 반복되면 '악의 평범성'이 한 사회의 지배적인 규칙이 된다.

아렌트는 그의 책 『인간의 조건』에서 삶의 필연성, 쉽게 말해

'먹고 사는 일'에만 얽매이거나 자신의 말과 행동에 대한 판단 능력이 없다면 자유로운 사람이 되기 어렵다고 말한다. 그녀는 "자유롭다는 것은 삶의 필연성이나 타인의 명령에 예속되는 것도 아니며 또 타인에게 명령을 하는 것도 아니다. 더욱이 자유롭다는 것은 지배하거나 지배받는 것을 의미하지 않는다."고 강조한다.[1] 아렌트가 말하는 자유로운 인간이란, 동등하지만 다른(차이가 있는) 사람들 간의 관계 맺기가 가능한 존재, 단절에서 관계로 고립에서 소통으로 나아가는 정치적인 존재이다. 한마디로 촛불 광장이나 파업 현장과 같은 공론의 장에서 보고 듣고 말하고 행위하는 자야말로 진정한 의미의 자유로운 인간이다.

하지만 '자유로운 인간'은 거저 주어지거나 스스로의 노력만으로 되는 것은 아니다. 심각한 불평등의 조건에서 대다수의 인간은 자유롭고 싶어도 자유로울 수 없기 때문이다. 예를 들어 비정규직이나 하청 노동자는 공론의 장이나 공동체에 참여해서 보고 듣고 말하는 것 자체가 어렵다. 일단 노조 가입 같은, 공론의 장에 참여할 수 있는 자격이 주어지지 않는다. 자칫 말 한마디 때문에 해고 당하거나 계약 갱신이 안 되는 신분의 한계 때문에 부당한 대우를 받아도 항의하기 어렵다. 강남의 한 카페에서 알바를 하고 있는 대학 4년생 이연희(가명) 씨도 야근수당을 받은 적이 없지만 항의

---

[1] 한나 아렌트, 『인간의 조건』, 이진우·태정호 역, 한길사(1996)

나 고발은 꿈도 안 꾼다고 했다. 괜히 항의하다가 그만두라고 하면 어쩌느냐는 것이다.

장애인이나 미성년자, 여성 등 사회적 약자 역시 스스로의 존재를 드러내는 행위를 하는 게 거의 불가능하다. 자기 존재를 드러내기는커녕 최소한의 배려조차 기대하기 어렵다. "회식 자리에도 참석을 해야 하는데 아이 낳고는 아예 불가능해졌어요. 어린이집에 전화라도 할라치면 이쪽저쪽 다 눈치가 보여요."라는 것이 여성의 현실이다. "아파트 한 귀퉁이에 정신장애인 4, 5가구의 공동 거주지를 만들려고 했는데 혐오 시설이라고 해서 받아들여지지 않았다."는 경험 역시 낯설지 않다. 비정규직과 하청 노동자, 사회적 약자 들은 아렌트가 말하는 노예와 이방인들처럼 "언어의 능력을 박탈당한 것이 아니라, 언어와 언어만이 의미를 만들 수 있는 그리고 모든 시민의 주된 관심이 서로 토론을 하는 것인 그러한 삶의 방식을 갖지 못"하는 것이다.[2]

이들은 사실상 투표권을 갖지 못할 때가 많다. 선거일 풍경을 예로 들어보자. 대개 인력 업체에서는 새벽 5시, 5시 30분, 6시, 6시 30분 이렇게 네 차례 일용직을 모집해 일터로 보낸다. 날마다 일거리가 있는 게 아니니 오늘 일당을 벌었다고 해서 내일도 그럴 거라는 보장은 없다. 그러니 벌 수 있을 때, 일거리가 있을 때를 놓

---

2  한나 아렌트, 앞의 책

치면 안 된다. 선거일에 투표를 선택한다는 것은 하루 일당의 기회를 포기하는 것이다. 15분, 길어봐야 1시간이면 끝나는 투표 참여 행위가 이들에게는 하루의 삶, 심하면 며칠 간의 생존을 걸어야 하는 행위가 된다.

> 투표한다고 내 일당이 오르는 것도, 내 아이의 일당이
> 오를 것도 아닌데 괜히 변화를 외치는 야당 찍었다가
> 원래 일당조차도 유지가 안 되는 것 아냐?

하는 두려움 같은 게 발목을 잡는다. 항상 밑바닥 삶인데 투표한다고 달라지겠느냐와 같은 '생각'이라도 할 시간이 있으면 다행이다. 매일 매시간이 생계를 위한 전쟁인 상황에서 말하고 생각하고 판단한다는 것은 사치일 뿐이다.

아리스토텔레스는 『정치학』에서 노동하는 사람을 가리켜 '자신의 신체로 삶의 필연성에 봉사하는 노예나 길들여진 동물'이라고 했다. 고대 아테네 폴리스에서는 육체노동으로부터 자유로운 사람, 즉 먹고사는 일을 하지 않으면 죽을 수밖에 없는 삶의 필연성을 노예에게 맡긴 자, 노동으로부터 자유로운 자, 말하고 생각하고 판단할 여유가 있는 자만을 인간 즉 시민으로 인정했다. 그래서 일을 하는 노예와 여자는 시민이 아니었다. 개인들이 삶의 필연성에 매여 시민으로서 행동하지 못하면 아테네 민주주의는 무너져

버리고 도시국가는 극소수 사람들의 손에 넘어갈 것이라고 우려했기 때문이다.

그런데 근대사회로 접어들면서 문제가 좀 달라졌다. 삶의 필연성을 책임질 노예나 농노가 사라지고 누구나 일을 해야 하는 노동 사회가 되었기 때문이다. 근대사회에서는 삶의 필연성으로 인해 노동을 해야 하는 것과, 그 노동에 얽매이지 않는 자유로운 인간 즉 시민으로서 존재하는 것이 동시에 충족되어야 한다. 노동하는 인간이 노예로 전락하는 것을 막기 위한 헌법과 노동법, 정부의 정책 및 제도가 부각될 수밖에 없는 이유이다. 그리하여 빈곤과 결핍으로부터의 해방, 표현과 결사의 자유, 불가침의 인권을 보장하는 것이 정치의 핵심적인 과제가 되었다.

하지만 이런 근대사회에서도 노동을 해야 하는 인간과 노동으로부터 자유로운(노동에 얽매이지 않는) 시민이 항상 공존하는 것은 아니다. 근대사회는 '노예에서 사람'으로의 전진과 '사람에서 노예'로의 후진을 끊임없이 반복한다. 사람을 자원으로 낮추거나 사람을 존엄한 존재로 높이려는 시소가 균형점을 찾기 위해 끊임없이 움직이는 것이다. 경쟁과 효율이 지배 규칙이 되면 노동해야 하는 인간은 노동으로부터 자유로운 시민에서 분리된다. 내 운명의 주인은 나를 고용하거나 나를 지배하는 기득권 세력이고 나는 시키는 대로 복종할 수밖에 없기 때문이다. 주말에도 억지로 사장의 산행에 동행하거나 퇴근 후에도 카톡이나 메시지로 업무 지시를 받아야 하는 내게 생각하고 판단할 자유는 없다. 반면에 인권과 존엄이 지배 규칙이 되면 양자는 상호 결합한다. 전자는 오늘날의 하청 사회, 후자는 과거의 복지국가를 예로 들 수 있다. 대한민국은 2000년대 접어들면서 하청 사회가 되었다. 하청 사회는 자유로운 시민이 사라진 자리를 소수의 기득권 세력이 차지하는, '악의 평범성'이 발현될 수 있는 최적의 조건이다.

하청 사회 대한민국의 현실을 보자. 20퍼센트까지 늘어났던 노동조합 조직률(조직 대상 노동자 대비 조합원의 비율)은 다시 10퍼센트 남짓으로 줄었고 그나마 민간 부문은 한 자리 수에 그친다. 특히 여성의 노조 조직률은 남성의 3분의 1밖에 안 되고 비정규직의 노조 조직률은 정규직의 20분의 1에 불과하다. 이는 여성과 비정규직 노동자가 공동체에 소속되어 말하고 생각하고 판단할 기회와 능력을 더 많이 박탈당한다는 의미이다. 정규직이라고 해도 자기 의사 표현이 쉽지 않은 게 현실이다. 촛불 탄핵 시국에서 대형 마트의 한 직원이 '하야하라'라고 적은 배지를 달고 근무를 했다는 이유로 회사 측이 징계 압박을 가했다는 사실이 SNS를 통해 알려진 적도 있다. "사규에 정치적인 표현을 못하게 돼 있다."는 것이 대형 마트 쪽의 주장이다. 결국 정규직도 고용을 조건으로, 시민으로서의 자유로운 행위를 가로막는 일방적인 사규에 매여 있었던 것이다. 그런데 고용계약조차 없거나, 있다 하더라도 단기적인 비정규직은 더더욱 자유로운 시민으로 살 수 없다.

최저임금이나 임금격차에서도 하청 사회의 증거를 볼 수 있다. 2015년 현재 최저임금을 못 받는 노동자의 비율이 10퍼센트를 넘어 OECD 최고 수준이다. 여성은 그 비율이 2배(20퍼센트)에 달하는데, 알바 등 시간제 노동을 하는 사람은 10명 중 4명, 즉 40퍼센트가 최저임금 미달자이다. 또한 결혼, 출산, 육아로 일을 그만두는 여성의 경력 단절 문제도 수십 년째 나아지는 기미가 없다. 남성 정규직의 월 급여를 100이라고 하면 여성 비정규직의 월 급여는 40에 불과할 정도로 격차가 크다. 하루 8시간씩, 주 5일을 일해도 월 150만 원을 받기 어려운 삶을 살아가는 처지에 투표와 같은 정치적 행위가 어떤 의미를 지닐까.

버는 돈은 적더라도 사회보험이나 복지가 보완해준다면 숨이 턱에 찼을 때 한숨 돌릴 여유는 가질 수 있을 것이다. 그러나 우리 사회는 그 어떤 사회 안전망의 보호도 없이 일을 하는 사람이 최소 300만 명을 넘는다. 이들을 위한 안전망 설치에 드는 비용이 1조 7천억 정도인데 1년 예산이 400조에 달하는 나라에서 이 정도도 하지 않는다. 사회 안전망이 있다 해도 이직을 할 경우 그에 따르는 위험이 적지 않다. 그런데 한 해 최대 900만 명이 새로운 일자리를 찾아 이동하는데 보호 장치라곤 거의 없으니 사람들은 맨몸으로 아찔한 절벽을 뛰어넘어야 한다. 게다가 일하다가 목숨을 잃는 사람이 하루 평균 5명이나 된다.[3] 이 같은 장면들을 보고 겪

---

3   고용노동부의 산업재해 현황 분석 자료에 따르면 사망자 수가 다소 감소한 2009년부

으며 사람들은 20대부터 60대가 훌쩍 넘도록 일을 해야 한다.

하청 사회는 경쟁과 효율이라는 단일한 의견만 갖도록 강요하는 시장 전체주의[4]와 닮았다. 시장 전체주의는 독재국가와는 다르다. 독재가 '보이는 손'이라면 시장 전체주의는 '보이지 않는 손'이다. 아렌트의 말처럼 '익명의 지배는 더 잔인한 독재'일 수 있다.[5] 대다수의 시민이 말과 생각을 멈추고 오직 살기 위해 몸부림쳐야 하는 바로 그 자리에서 도덕이나 윤리 따위는 안중에도 없는, 판단하지 않고 소통하지 않는 '평범한 악'이 자란다. 박근혜 정권의 국정 농단은 그래서 가능했다. 박근혜 정권 사람들이 하나같이 염치없고 무례하며 소통 불능, 판단 불능을 공통점으로 갖고 있는 것도 같은 맥락이다.

하청 사회는 자유로운 인간으로부터 노동하는 인간을 분리해내고, 정치적 행위를 하는 시민으로부터 먹고사는 행위를 분리해낸다. 마치 육체로부터 영혼을 분리하듯이 생각과 판단과 행위 능력을 사람에게서 거세한다. 이처럼 영혼도 꿈도 갖지 못한 채 오직 먹고살기 위한 생존의 본능만 가득한 인간은 사실상 좀비와 마찬가지이다. 한국만이 아니라 전 세계적으로 좀비 영화가 유행하는

---

터 2014년까지만 해도 매년 약 1,900여 명의 노동자가 산업재해로 사망한 것으로 나타났다.

4  알랭 쉬피오, 『필라델피아 정신: 시장 전체주의를 넘어 사회적 정의로』, 박제성 역, 한국노동연구원(2012)

5  한나 아렌트, 앞의 책

이유도 경쟁과 효율만을 강조하는 하청 사회 바이러스가 퍼져나
간 때문이 아닐까.

# 민주주의인 듯 아닌 듯, 포스트 민주주의

하청 사회는 이렇게 민주주의를 죽인다. 주인이어야 할 시민이 스스로 말하고 생각하고 판단할 능력을 박탈당하고 주인의 자리에서 물러난 민주주의, 직접선거라는 형식적 절차는 존재하지만 내용은 점차 후퇴하는 민주주의, 영국의 사회학자 콜린 크라우치(Colin Crouch)는 이를 가리켜 '포스트 민주주의'라고 말한다. 주인의 자리를 재벌 대기업과 일부 기득권 세력에게 내주고 시민은 여론조사의 수동적인 응답자이거나 몇 년에 한 번씩 투표하는 기계로 전락한 민주주의라는 것이다.

크라우치가 정의하는 포스트 민주주의는 일부 정치 집단과 경제 집단이 결합된 소수 엘리트가 주인인 사회이며, 여기서 시민은

"수동적이고, 조용하고 심지어 냉담한 역할을 할 뿐이며, 그저 그들에게 주어진 신호에 반응할 뿐"이다.[1] 시민은 채널 선택권만 있는 TV 시청자와 비슷하다. 보여주는 장면에 열광하거나 그 어느 것도 마음에 들지 않으면 TV를 꺼버리는 게 시민이 할 수 있는 최대치이다. 자신이 직접 참여해서 기획하고 실제로 프로그램을 만드는 것은 가능하지 않다. 시민이 시청자가 되면 시민의 대변인인 정치인은 연예인이 된다. 시청자가 가벼운 볼거리, 기분 좋은 눈요깃거리에 익숙해지고 이를 선호하게 되면, 시민이 '구경'하는 정치는 일종의 '판촉 행사'로 바뀐다.

영국 의회를 뜻하는 'parliament'는 '말하다'라는 뜻의 프랑스어 'parler'에서 유래했다. 시민을 대변해 말하는 장이 의회라는 의미일 것이다. 하지만 판촉 행사장으로 변질된 의회에서는 소통이나 공감 혹은 진지한 토론 같은 진짜 말하기는 찾기 어렵다. 그뿐만 아니라 말을 하려거든 표가 되는 말, 여론조사에 유리한 말, 이미지에 도움이 되는 말을 하라는 조언이 떠돈다. 언론이나 방송에 최대한 부드러운 이미지로 자주 나오는 능력, 바로 판촉 행사에 뛰어난 정치인이라야 판촉 행사의 주연으로 발돋움할 수 있다. 드라마가 현실을 흉내 내지만 실제 현실은 아닌 것처럼, 실제가 아닌 '가상의 정치'를 만들어내는 것이 판촉 행사의 목표이다. 그리하여

---

1 콜린 크라우치, 『포스트 민주주의』, 이한 역, 미지북스(2008)

가상의 정치, 선거 게임이라는 호화로운 구경거리가 벌어지고 그 수면 아래에서 소수 기득권 세력을 대변하는 엘리트들 간의 상호 작용으로서 '실제 정치'가 존재한다. 그러므로 선거에서 누가 당선이 되는가는 중요하지 않다. 국회의원 배지를 다는 사람이 누구든 간에 정치는 결국 소수 엘리트의 손에 의해 좌우되기 때문이다.

크라우치는 독재와 같은 비민주주의에서 민주주의로 이행했다고 해서 민주주의가 심화되는 것은 아니라고 말한다. 오히려 세계화가 진행될수록 경쟁과 효율을 앞세운 자본주의의 돌진에 민주주의가 저항하지 못할 가능성이 더 커지므로 포스트 민주주의로의 이행이 더욱 전면적이 된다고 단언한다. 결론적으로 "더 많은 집단이 정치체제에 새로운 활력과 자율적인 대중 정치를 주입하지 않으면 포스트 민주주의로 향해 갈 수밖에 없다."는 것이다.[2]

포스트 민주주의가 시민의 진짜 민주주의와 구별되는 가장 뚜렷한 차이는 정치 조직 등 공론장의 쇠퇴이다. 과거 한국의 민주주의는 학생운동과 사회운동 그리고 노동운동을 움직이던 수많은 정치 조직과 그러한 조직과 조직 간의 네트워크(연대 조직)가 참여하던 공론장을 품고 있었다. 하지만 최근에 이르러 그와 같은 정치 조직의 상당수가 이미 사라졌고, 혹여 있다 해도 정부의 행정 서비스를 위탁받은 행정 조직으로 바뀌거나 정치제도를 보완하

---

2  콜린 크라우치, 앞의 책

는 정도의 역할을 수행하는 경우가 많다.

> 단체 운영을 위해서는 정부 프로젝트를 따는 게 중요한데
> 너무 밉보이면 안 되잖아요. 또 정부 사업의 일부 혹은
> 전부를 대행하다 보면 아무래도 그 입장을 대변하게 되어서
> 자유로운 견제나 비판은 어렵죠.
> 물론 정부에 의존하지 않고 회비로만 운영하는
> 소수의 단체가 있긴 한데 상근자 두기도 힘들 정도로
> 어려워서 제대로 활동하기 어렵죠.

오랫동안 시민단체 상근자로 활동하고 있는 유길성(가명) 씨는 회원들의 회비만으로 운영되는 시민단체 중에는 최저임금조차 못 주는 단체가 있을 정도라는 이야기를 덧붙였다. 다른 단체의 활동가 서미란(가명) 씨 역시 시민사회단체들이 의사소통 공론장에 신경을 쓰는 대신 정부 프로젝트의 수행 능력을 키우고 정부 의견을 청취하는 데에 힘을 쓰는 경우가 늘어났다고 말한다. "여성인력개발센터, 자활센터, 지역아동센터와 같은 정부 위탁 사업을 하다 보면 아무래도 정체성이 애매해져요. 활동가인지 사업가인지도 불분명하고요. 예를 들어 위탁 사업을 계속하려면 성과를 내야 하잖아요. 그러다 보니 예전에는 위탁 사업의 일자리 질을 높이자고 목청을 높였지만 지금은 일자리 양을 늘리는 것에 관심을 기울여요. 성과를 내야 다음 해에 위탁 사업을 또 맡을 수 있으니까요."

이와 같은 관행이 지속되면 시민사회단체는 정부 보조 사업에 대한 능력을 주로 키우게 되고 정체성은 더 흔들릴 수밖에 없는 악순환을 되풀이하게 된다.

자원봉사와 재능 기부가 중심이 되는 자발적인 조직이 불가능한 것은 아니지만 이를 위해서는 시민의 활발한 참여가 필수적이다. 그러려면 먹고사는 문제에서 놓여난 시민이 존재해야 하는데 하청 사회는 이것을 가로막는다. 노동조합조차 정부의 영향에서 자유롭기 어렵다. 예를 들어 한국노총에서 벌이는 사업의 상당수는 정부 지원금을 받아서 이루어진다. 물론 노동조합에 대한 정부의 지원은 다른 나라에서도 있는 일이다. 프랑스 같은 나라는 노동조합 조직률이 아주 낮아서 정부와 기업의 지원이 없으면 운영이 어렵다. 문제는 이 같은 지원이 국민들의 표현의 자유와 결사의 자유를 지키기 위해서인지 아니면 정부에 고분고분한 노동조합을 만들기 위해서인지에 달려 있다. 박근혜 정부는 노동계의 반대에도 불구하고 이른바 노동 개혁을 강제하기 위해 한국노총에 대한 사업비 지원을 미뤘다는 의혹을 받았다. 상근자의 월급이 포함된 사업비 지급을 묶은 것은 사실상 정부가 '굶을래 아니면 노동 개악에 찬성할래?' 하며 양자택일을 강요한 셈이기 때문이다. 정부의 부인에도 불구하고, 사실상 정당한 지원금을 제멋대로 주무르면서 그것을 소수 기득권의 이익을 위해 활용한 것이다. 이런 압박속에서 결국 한국노총은 노동 개악에 합의했다.

여기에 더해 노동조합은 조합원의 이해로부터도 자유롭지 않다. 과거 민주노총이나 한국노총은 조합원 수나 조직률과는 상관없이 스스로는 천만 노동자 혹은 이천만 노동자의 대표라고 자부하면서 세상을 바꾸기 위한 연대를 꿈꾸기도 했다. 하지만 지금은 노동조합이 자기 사업장의 비정규직을 끌어안고 가기도 힘들다.

예를 들어 민주노총 금속노조는 조합원 중 비정규직이 약 2~3퍼센트에 지나지 않는다. 그러다 보니 조직 내에서는 정규직의 목소리가 우선한다. 노동조합에 가입하지 못한 비정규직을 위해 활동하던 지도부가 자기 조합원들로부터 불신임을 받는 경우도 종종 생긴다. 정규직 역시 구조 조정과 해고의 위협 앞에서 자기 자리 찾기에 골몰할 수밖에 없는 탓이기도 하다. 그러면 정권과 언론은 기다렸다는 듯이 '정규직 이기주의'라는 딱지를 붙인다. 노동조합은 오직 임금 및 근로조건을 위해서만 파업할 수 있다(노동조합법 제2조)거나, 노동조합은 전체 노동자가 아니라 조합원만을 위해서 단체교섭 해야 한다(노동조합법 제29조)는, 정규직 이기주의를 조장하는 법 제도가 노동조합을 옥죄고 있다는 사실은 숨긴 채 말이다.

나는 정규직이지만 내 자식은 하청으로
일할 수밖에 없다는 것을 깨달으면서
현장 분위기도 많이 바뀌고 있어요.

이처럼 바뀔 것을 기대하는 목소리도 있지만 이러한 반응에 대해 비정규직들은 쉽게 동의하지 못한다. 물론 정규직 노동조합이 비정규직이나 사회적 약자와 연대하는 경우도 있다. 하지만 그 같은 사례는 매우 드물고 효과도 미약해서 잘 드러나지 않는다. 게다가 노동자를 사업장 단위로 쪼개고, 정규직과 비정규직으로 쪼개는 법 제도가 수십 년째 바뀌지 않고 있다. 같은 사업장에서 일해도 소속이 다르면 동료가 아니고 정규직은 비정규직의 목소리를 반영해서는 안 되는 것이 한국의 법이다. 정규직은 줄고 비정규직은 늘어나고 있는데 노동조합은 줄어드는 정규직 목소리만 담으니까 당연히 전체 조합원이 줄어들 수밖에 없다. 이 같은 법 제도는 알바와 인턴으로 첫 일자리를 시작하는 청년들의 노조 가입을 가로막는다. 결국 법 제도의 제약과 노동조합의 순응으로 노동운동은 전반적으로 쇠퇴하고 자유로운 시민이 사라지는 포스트 민주주의가 강화된다.

학생 조직은 그래도 자유롭지 않으냐고 할지 모르겠다. 그러나 많은 학생이 학자금 대출에 시달리고 취업 준비에 골몰해야만 하는 상황이니, 자유롭고 적극적으로 사회 정치적인 문제에 참여하기란 정말로 쉽지 않다. 과거 각 대학마다 활발한 활동을 펼쳤던 써클[3]이나 학회는 이제 이름뿐이고 학생회 총회조차 성원 미달로

---

3  외래어 표기법으로는 '서클'이 맞지만 이 책에서는 모두 '써클'로 표기함-편집자 주

취소되기 일쑤이다. 이제 학생회의 주요 사업은 취업이나 진로에 도움이 되는 강좌 개설로 바뀌었고 학생들의 가장 큰 관심도 학점과 취업이다. 심지어 학생회가 사라지는 대학도 있다. 대학은 더 이상 자유와 지성의 장이 아닌 취업 준비의 장이 되었다. 대학교수가 제자들의 취업 알선을 위해 매년 기업을 방문해 고개를 조아려야 하는 것이 현실이다.

　기업 로비가 활성화되는 것 또한 포스트 민주주의의 특징이다. 합법 혹은 비합법적인 로비가 입법부와 행정부, 사법부를 거미줄처럼 뒤덮고 있다. 이른바 '대관(對官) 업무'라고 부르는, 재벌 대기업의 로비는 구체적이고 치밀하고 매우 끈질기다. 비근한 예로 국회에 상주하는 삼성의 대관 업무 직원만 해도 10여 명이 넘고 법조팀만 400여 명이다. 청와대와 행정부, 언론까지 합하면 그 수를 헤아리기 어렵다. "삼성이나 현대 같은 기업은 국회의원이나 보좌진의 친인척만이 아니라 의원에게 영향을 끼칠 수 있는 지역 유력 인사까지 다 알고 있다. 서로 친한 의원이 누구인지까지 다 파악해서 로비를 한다."는 이야기가 심심치 않게 떠돈다. 이재용 부회장의 구속 이후 삼성이 로비 즉 대관 업무를 로펌에 위임할 거라는 보도가 있었는데 대관 업무 자체가 사라질 수 있을지는 의문이다.

　그 결과 정당들은 시민의 일상이 아닌 기업 로비의 세계에 뿌리를 내리고 그 압력 때문에 짜부라진다. 삼성이 정유라에게 말을 사주는 등 200억이 넘는 돈을 지원하기로 한 것이나 재벌 대기업들이 미르와 K스포츠 재단에 800억 가까운 돈을 내놓은 것 역시 그들의 관점에서는 기업 로비의 일환일 뿐이다. 드러나면 불법이고 드러나지 않으면 관행이다. 드러나면 강요에 의한 것이고 드러나지 않으면 항상적인 거래여서, 혹시 불법으로 드러나더라도 다음에는 걸리지 않게 조심하자는 교훈을 얻을 뿐이다.

# 광장의 경험, 새로운 민주주의

하청 사회에 기반한 포스트 민주주의, 이미 지난 수십 년간 이를 경험하며 지내왔기에 우리는 불안하다. 그 현실에 저항했던 사람일수록 불안감은 더 크다. 하청 사회와 포스트 민주주의라는 강력한 구조에 직면해 실패와 절망을 경험한 탓이다.

순응하는 사람들이야 아무 생각 없이 살겠지만 저항했던 사람들은 또 실패할까 봐 무척 두렵고 그 두려움의 감정은 쉽게 사라지지 않고 숨어 있다가 방심한 사이 불쑥불쑥 튀어나온다. 법원조차도 정의의 잣대가 아닌 효율성의 잣대로 재벌 대기업의 불법 행위를 눈감아주고, 재벌 총수를 구속하면 우리 사회가 망하지 않을까 고민하며, 1퍼센트 재벌이 지배하는 하청 사회에서, 개인이 느끼는 무력감은 우물처럼 깊다. 그렇기 때문에 아주 작더라도 성공의 경험, 이기는 경험이 소중하다. 민주화를 이뤄낸 경험이 민주정부 10년을 낳은 것처럼, 하청 사회와 포스트 민주주의를 넘어서는 한 발자국이 새로운 시대를 연다. 혼자만이 아닌 공동의 경험, 한 세대만이 아닌 세대 간 공통의 경험, 꿈을 현실로 바꾸는 경험이 희망을 낳는다. 이 같은 경험은 두 가지 방식으로 이루어낼 수 있다.

그중 하나가 제도나 정책을 통한 구조의 변화이다. 복지국가라는 것도 원래 있던 게 아니었으며 '맨 처음'이 있었다. 새로운 제도나 정책 네트워크를 시도할 때 왜 두렵지 않았겠는가. 하지만 처음 내디딘 첫발자국이 그다음 발자국을 이끌어내고 작은 성공 경험들이 끈질기게 이어지면서 구조를 바꾸고 세상을 밝히게 된다. 특히 정치가 변하면 많은 부문에서 새로운 '시작'이 가능해진다. 야당이 정권을 잡는다 해도 세상은 순식간에 바뀌지 않는다. 다만 틈새와 여지가 생길 뿐이다. 바로 그때 새로운 제도와 정책을 시작해야 하는 것이다. 그 시작이 다시는 번복할 수 없는 불가역적인 시작이어야 하기에 다른 건 아무것도 고려하지 않은 첫발자국을 만들 수 있도록 정치적, 정책적 결단이 용감하고 빠르게 이어져야 한다. 그 시작이 반드시 큰 그림이나 거대한 비전이어야 하는 것은 아니다. 완벽한 설계도만 고집하지 말자.

그러니 정권이 바뀌어 틈새와 여지가 생긴다면 반드시 해야 할 정책과 제도를 정하고 실행해야 한다. 뒤에서 다시 말하겠지만, 일하는 사람은 적어도 최저임금은 받게 한다는 '국민기본선' 같은 정책이 매우 중요하다. 최저임금조차 못 받는 사람이 200만 명이고 그 수가 나날이 늘어나는 하청 사회에서 모두에게 최저임금을 허용한다는 것은 글로만 존재하는 헌법을 삶의 규칙으로, 개인적인 절망을 공동의 희망이자 경험으로 바꾸는 중요한 진전이다.

반드시 해야 할 정책과 제도의 우선순위는 복잡하고 대단할 필요는 없다. 다만 하청 사회와 포스트 민주주의를 무너뜨리는 '약한 고리'이면 된다. 긴 목록을 나열할 필요도 없다. 수가 적더라도 해야 할 것을 반드시 하기만 하면 된다. 게다가 그 일을 수행할 사람이나 집단, 능력이 지난 민주 정부 10년보다 훨씬 많다는 건 참으로 다행한 일이다. 완성에는 못 미칠지라도 시작하기에는 충분하다. 그동안의 절망과 좌절 속에서도 수많은 사람이 스스로 촛불이 되어 일어선 것은 우연이 아니다. 우리는 그만 한 힘을 갖고 있다. 시작이기에 잘 버티고 집중해야 하는 것뿐이다. 그러니 당장에 안 되더라도 포기하지 말자. 사랑하는 사람들을 위해서라도 우리는 끈질겨야 한다.

우리 사회의 성공 경험을 만드는 또 한 가지 방법은 시민 스스로 주인으로서의 경험을 확장하는 것이다. 2016년, 정치에는 전혀 관심이 없다던 사람, 내리 여당만 찍었다던 사람, 정치를 말하는 친구를 진지충이라 놀렸던 사람들이 촛불을 들었다. 포털사이트의 실검 순위에 정치인의 이름이 오르고 지상파와 보수 종편만 보던 사람이 오마이TV, 팩트TV, 심지어 국회방송을 본다. 나는 19대 국회의원으로 있으면서 필리버스터를 하기 전 3년간은 한 번도 후원금 한도(한 해 1억 5천만 원)를 채워본 적이 없었다. 모금액이 절반이라도 넘기면 다행이었다. 정치 불신이 팽배하던 때였고 세비도 아깝다는 비판 앞에서 아예 모금 자체가 어려울 정도였다. 그런데 20대 국회는 2016년 첫 해부터 후원금 한도를 채운 의원이 많다고 한다. 시민들이 먼저 정치 후원금을 챙긴 덕분이다.

판촉 정치, 가상의 정치, 소수 기득권의 정치를 넘어서 시민의 정치, 새로운 민주주의를 시작한 경험은 아무리 사소한 것이어도 무척 소중하다. 이러한 경험을 일회적이 아니라 지속적인 것으로, 개인이 아니라 집단의 것으로 만들고, 이를 다시 조직과 채널(끼리끼리 조직), 플랫폼(채널의 연계 혹은 공론장)으로 확장하고 반복할 수 있다면 소수 기득권이 차지했던 주인의 자리에 시민이 앉게 되는 것이다.

광화문 촛불이 만들어낸 박근혜 정권 퇴진 국면의 '비상국민행동'은 87년 6월을 이끈 '국본'(민주헌법쟁취 국민운동본부)의 리더십을 가지고 있지 않습니다. 국본이 리더였다면 비상국민행동은 집회의 기획자일 뿐입니다. 그 어떤 단체나 정당도 리더의 자리에 서지 못한 채

'촛불 시민'이 이끌고 있습니다.
과거의 리더십은 사라졌고 새로운 리더십은
아직 등장하지 않은 과도기이지요.

어느 토론회에서 내가 한 말이다. 이러한 평가에 대해서는 참석자 대부분이 동의했지만 그다음 이어지는 해석은 저마다 달랐다. 과도기이니 죽 쒀서 개 주기 십상이라는 비관론과 과도기여서 새로운 경험이 더 쌓일 것이라는 낙관론이 교차했다. 불안하다는 비관론과 우리가 이길 것이라는 낙관론이 팽팽히 맞선다. 하청 사회와 포스트 민주주의라는 깊은 밤을 밝힌 수많은 시민의 촛불, 그것을 어떻게 볼 것인가에 대한 의견 차이이다.

컵에 물이 반쯤 담겨 있다. '물이 반이나 찼다'로 보느냐 '물이 반밖에 없다'로 보느냐는 때로 큰 차이로 느껴진다. 하지만 우리 모두가 물 한 방울을 더 떨어뜨리는 행동을 이미 시작했고 우리 모두가 스스로 물이 되어 컵을 넘치게 하고자 하므로, 그 차이는 큰 의미를 갖지 못한다. 다가오는 선거에서 5, 60대의 투표율보다 2, 30대의 투표율이 더 높을 수도 있다는 예측은 그와 같은 변화를 반영한 것이다.

"광화문 광장은 '혁명의 학교'입니다. 개인으로 흩어져 교실 수용소에 갇혀 있던 아이들이 이 역사의 현장에서 집단적인 세대 체험을 하면서, 역사적 인간으로서의 자기 삶의 경험을 공유하게 되었습니다. 이로써 한국 사회의 향후 30년을 이끌어갈 건강하고 새로운 주체 세대를 형성해낸 것입니다."라는 지적은 그래서 중요하다. 여러분이 이길 것이며 여러분의 시대가 온다. 이제 본격적으로 그 이야기를 해보자.

1  박노해 시인, 2016년 나눔문화 후원모임 기조 강연 중 일부 발췌

3장

# 민주화 세대를
# 말한다면

과거에는 지금보다 더 어려웠나요?
구속과 수배와 고문을 일삼았던 독재 시대였잖아요.
그때도 희망이 사라졌었나요? 어떻게 버틸 수
있었는지 궁금해요.

우리는 독재 정권의 억압에 힘들었고
물질적으로도 어려웠다. 우리 위의 세대는 전쟁까지
겪으며 우리보다 더 힘든 삶을 헤쳐나갔다. 그런 때와
비교하면 요즘 청년들은 너무 나약한 것 아닌가?

청년 세대와 그 부모 세대의 질문은 이렇게 차이를 보인다. 물론 청년 세대의 나약함을 언급했던 사람들조차 최근에는 광장에 나온 중고등학생들, 대학생들이 고맙다고 한다. 그런데 지금 청년들의 부모 세대이기도 한 87 민주화 세대의 경험은 오늘날 청년 세대의 경험과 얼마나 어떻게 다른 것일까? 이렇게 묻는 이유가 있다. 우리 앞의 현실을 넘어설 수 있는 힘을 발견하기 위해서는 과거의 경험을 참고할 필요가 있기 때문이다. 우리가 어디에서 와서 어디에 서 있으며 어디로 나아가는지를 아는 것, 시대정신을 공유하고 이를 통해 대화하는 것은 물길을 열거나 물길을 바꾸는 한 가지 방법이다.

# 와서 모여 함께

80년대 민주화 세대는 무수히 많은 정치 조직과 함께
자랐습니다. 자고 일어나면 새로운 조직이 만들어지던 시대,
끊임없이 모여서 공부하고 토론하고 행동했습니다.
옴짝달싹할 수 없는 억압의 시대, 수많은 제약에도
불구하고 우리는 결코 혼자이지 않았고 새로운 목표와
규칙을 스스로 만들었습니다.

우리 세대 곧 민주화 세대는 어떠했느냐는 질문을 받을 때면 내가
내놓는 대답이다. 민주화 세대는 한마디로 조직의 세대, 집단의 성
취를 개인의 성취보다 앞세운 세대였다. 그래서 민주화 세대는 익
명의 세대이기도 하다. "사랑도 명예도 이름도 남김 없이"로 시작

되는 '임을 위한 행진곡'의 노랫말처럼 당시에는 익명의 개인들이 집단을 위해 자신을 헌신하는 것을 자연스럽게 여겼다. 80년대는 뜻 맞는 사람끼리 모인 끼리끼리 조직과 이 조직이 모인 연대체가 수없이 만들어지고 사라지고 또 만들어졌다. 어찌 보면 조직을 만드는 것이 곧 민주주의였다.

> 표현의 자유와 결사의 자유는
> 부단한 진보의 필수 불가결한 조건이다.

1944년의 필라델피아 선언을 한국에서는 함께 모여 조직을 만들고 집회와 시위를 하는 것으로 구현했다. "와서 모여 함께 하나가 되자. 와서 모여 함께 하나가 되자. 물가에 심어진 나무같이 흔들리지 않게." 70년대부터 집회 시위 현장에서 자주 불린 '흔들리지 않게'라는 제목의 이 노래가 바로 민주화 세대를 상징한다.

예를 들어 서울의 어느 대학에서는 7, 80년대에 수십 개의 정치 써클(이념 써클이라고도 불렸다)이 존재했다. 비밀 유지를 위해 주로 약칭으로 불린 이 비공개 써클 중 기억나는 것만 해도 '흥사단 아카데미(약칭은 아카)', '경제법학회(경법)', '농촌법학회(농법)', '역사철학회(역철)', '후진국경제학회(후경)', '한국사회연구회(한사)', 그리고 대문 혹은 그레이트 게이트라고 불려 원래 이름이 무엇인지 확인하기 어려웠던 '대학문화연구회', 사과라는 약칭을 다시 애플로 바꿔 부른 '사회과학연구소' 등이다.

써클 이름을 묻는 것은 금기 사항이었다. 이념적 성향을 띤 대학생 써클은 쉽게 독재 정권의 표적이 되었다. 반국가 단체 조직 사건이나 심할 경우 간첩 사건으로까지 옭아맸기 때문이다. 1, 2학년들은 써클의 정확한 이름조차 모른 채 사회과학 공부를 하는 모임 정도로만 알고 가입하는 게 보통이었다. 10년 쯤 지나서, 그러니까 대학을 나오고도 한참 시간이 흐른 뒤에야 자신이 가입했던 써클의 이름을 알게 되는 경우도 흔했다. 써클의 규모도 다 달라서 회원 수가 수십 명에서 수백 명까지 되는 써클도 있었고 여러 대학에 걸친 연합 써클도 존재했다. 그러다 1980년대 중반 부분적인 대학 자율화 조치가 취해지고 학생회가 허용됨에 따라 과 학생회, 단과대 학생회, 총학생회가 나서서 다양한 공개 학회들을 만든다. 또한 각 대학의 총학생회는 자연스럽게 지역 혹은 전국 단위 조직을 이루게 되는데 그것이 바로 전국대학생대표자협의회(전대협)와 뒤이은 한국대학총학생회연합(한총련)이다.

상시적인 감시와 억압이 횡행하는 중에 정치(이념) 조직을 만들거나 거기에 참여해 행동하는 것은 곧 수배와 체포, 구속의 삶을 의미하는 것이기도 했다. 대학교 잔디밭에는 백골단이라고 불리던 사복 경찰 체포조들이 수십 명씩 떼를 지어 앉아 있곤 했다. 학교에 가면 청바지에 청재킷을 입은 백골단이 흰색 헬멧을 옆에 벗어놓은 채 귀에는 무전기 리시버를 꽂고 곤봉이나 쇠파이프를 만

지작거리는 모습이 가장 먼저 눈에 띄었다. 어떨 땐 시위가 거의 매일 벌어지다시피 했다. '애앵' 하는 메가폰 소리 뒤로 "학우여, 독재 정권 타도하자!"는 선배 혹은 친구의 절규가 들리고 곧 이어 백골단의 "잡아!" 하는 고함 소리와 후다닥거리는 발자국 소리가 울린다. 결국 강의실과 도서관을 뛰쳐나갈 수밖에 없는 것이 민주화 세대의 청춘이었다. 백골단이 짓밟고 지나간 잔디밭 위로 다시 피어나는 민들레처럼 학생들은 숨죽여 모였다. 피 흘리며 끌려간 친구의 이름을 귓속말로 전하면서 분노하고 스스로의 비겁함과 무력감에 눈물을 흘리기도 했다.

좌절과 분노와 실제적인 신변의 위험에도 불구하고 수많은 학생이 써클, 학회, 학생회 같은 조직에 속해 공부하고 토론했다. 학과 강의는 뒷전으로 미루고 끼리끼리 모여서 하는 공부에 더욱 열중하는 경우도 많았다. 내가 다니던 대학교 부근에는 학생들이 자주 가던 주점이 있었는데, 주인에게서 미리 열쇠를 받아두었다가 아침 일찍 문을 열면 써클 회원들이 한두 명씩 찾아들었다. 그렇게 모여서 라면을 끓여 먹으며 저녁 영업 시작 때까지 토론하고 공부했다. 저녁이 되어 주점 주인이 나타나면 공부방은 다시 술집으로 바뀌었다. 학교 앞 주점이 흔히 그렇듯 벽과 테이블은 자유와 정의, 사랑과 우정을 꿈꾸는 청춘의 낙서로 가득했고 시대의 아픔과 절망, 친구를 지켜내지 못한 울분이 담배 냄새와 함께 진하게 배어 있었다.

토론하다가 말싸움이 벌어지는 것도 흔한 일이었다. 계급이니 혁명이니 노동자, 민중, 착취 같은 단어는 낯설 뿐만 아니라 그때까지 믿어왔던 모든 가치관과 신념을 뒤집어엎는 것이었다.

계급? 처음 듣는 이야기였어요.
이 사회가 지배 계급인 부르주아와 피지배 계급인
프롤레타리아로 나뉘어 있고 자본주의 사회에
이르기까지의 역사는 곧 계급투쟁의 역사라는 이야기는,
내가 디디고 선 땅이 갈라지는 듯한 충격이었지요.
사회를 왜 그런 식으로 보느냐,
너무 부정적이지 않으냐 하는 질문이라도 할라치면
금세 토론에 불이 붙었고요.

나를 포함해 주변의 많은 친구들이 대학교 1, 2학년 무렵을 되돌아보며 이 비슷한 말을 한다. 대학 생활을 온통 써클 활동으로 채운 사람도 있고 들락날락했던 이도 있고 잠시 하다 만 사람도, 전혀 해보지 않은 사람도 있었지만 현실 비판과 참여는 대부분의 청년들에게 '마땅한 일'이었다. 친구들 사이에서는 더 많이 읽고 더 많이 알고 더 잘 쓰고 토론을 더 잘하는 이가 스타였다. 시위 때 뿌려진 유인물이나 대자보의 문장에 매료되고 집회 때 사람들의 마음을 움직인 연설에 탄복하는 것이 청춘이었다. 요즘이라면 진지충이라 놀림을 받았을지 모를 사람이 그때는 선망의 대상이었다. 대부분의 글에는 마지막에 '어느 민주 학우가'라는 서명이 붙었다. 읽는 사람도 굳이 이름을 알려고 하지는 않았다. 수많은 익명의 영웅이 있었고 그들을 보며 스스로 영웅이 되는 길을 선택하는 사람도 있었다.

강의 빼먹기를 밥 먹듯이 했으니 시험을 잘 치를 리 만무했다. 하지만 사회대나 인문대 같은 문과대학은 주로 논술식 문제가 출제되었기에 아예 손을 못 댈 정도는 아니었던 것 같다. 심지어 주제와는 그다지 상관없는 내용으로 8절지 답안지 두어 장을 앞뒤로 빼곡하게 채운 학생들도 심심찮게 있었다. 교수들 중에는 주제에서 벗어났지만 논리 정연한 글과 나름의 문제의식을 높이 평가해 그리 나쁘지 않은 학점을 주는 예도 드물지만 있었다. 물론 F학점이나 D학점을 받는 경우가 대부분이었다.

하지만 학점 관리라는 것에 신경을 쓰는 학생은 많지 않았다. 대학 진학률이 30퍼센트밖에 안 되는 탓에 고등학교만 졸업해도 어렵지 않게 취업이 되던 시절이다. 한편으로 우리 사회의 민주화를 위해서라면 대학 졸업장은 기꺼이 포기할 수도 있는 기득권이었고, 많은 학생이 자기 개인의 기득권을 기꺼이 포기하면서 사회의 기득권에 도전했다. 그 결과 한 기수 50명 중 졸업생이 12명밖에 안 되는 학과도 있었다. 나머지는 갑자기 군대에 끌려갔거나 퇴학당하거나 구속 또는 수배 중이었다. "우리 학번은 졸업 사진이 없어요. 졸업 못 한 벗들을 생각하면 도저히 우리만 졸업 사진을 찍을 수가 없었거든요. 게다가 그때는 사진을 함께 찍는 것조차 금

기여서, 애먼 친구들을 사건에 끌어들이는 빌미가 될까 봐, 다른
사진도 거의 없어요. 그러다 보니 대학 때 사진이 거의 없네요."라
는 것 또한 민주화 세대의 특징이라면 특징이다.

# 저항의 삶을 선택하다

조직과 함께 학창 시절을 보낸 이들은 졸업 후에도 자연스럽게 조직에 참여하거나 새로운 조직을 만들었다. 1987년 이후 어느 정도 민주화가 이루어지면서 정치 조직의 일종인 시민 조직도 함께 늘었다. 경실련(경제정의실천시민연합)이나 참여연대, 환경운동연합, 민변(민주화를 위한 변호사모임), 여연(한국여성단체연합), 전노협(전국노동조합협의회) 등이 이때 생겼다.

이렇게 만들어진 조직은 자연스럽게 다른 조직과 연대해 연합체 또는 협의체를 구성했다. 오늘날 표현으로는 플랫폼이라고도 할 수 있을 텐데, 일상적인 활동은 자신이 속한 조직에서 하다가 공통의 의제를 가지고 집회나 시위를 해야 할 때면 함께 모였기 때문이다. 이러한 플랫폼은 1987년 이전까지는 10여 개 내외였지만 90년대에 접어들면서 2, 30개로 늘어났다. 1987년 민주화를 이끌었던 국본(민주헌법쟁취 국민운동본부)에서부터 1991년에 만들어진 전국연합(민주주의민족통일전국연합)에 이르기까지 수없이 많은 정치적 플랫폼이 시민사회를 만들어나갔다. 민중 해방, 자유 평등의 사회, 조국 통일, 반민주 악법 철폐, 언론 출판 집회 결사의 자유, 사상과 양심의 자유, 반외세 자주 등의 슬로건이 새로운 시대를 상징했다.

이러한 흐름에 적극적으로 참여할 것인가는 개인의 선택이었다. 학교를 졸업하고 안정적인 일자리를 선택할 것인가 아니면 불안하게 쫓기는 삶을 선택할 것인가, 독재에 저항할 것인가 아니면 잠시 유보할 것인가. 지금은 대학에 들어가면서부터 오로지 좋은 직장 더 나은 일자리를 위한 무한 경쟁에 나서야 하지만 이와 달리 민주화 세대는 저항과 순응을 묻고 선택했다. 저항의 삶을 포기한 사람들은 일종의 부채 의식 같은 걸 지니고 살았지만, 이후 넥타이 부대로 민주화 항쟁에 적극 동참했다는 점에서 그마저 잠깐 동안의 유보였다고 말할 수 있을 것이다.

그런데 매사를 스스로 선택했다고 해서 모든 면에서 자유로웠던 것은 아니다. 선택에는 대가가 따를 수밖에 없고 종종 다른 선택지를 원천적으로 배제하는 것으로 대가를 치르기도 한다. 민주 사회에 비해 독재 사회는 선택의 폭이 더욱 제한되어, 어떤 길을 간다는 것은 단순히 다른 길을 가지 않는다가 아니라 다른 길을 선택지에서 아예 배제한다는 뜻이 되기도 한다.

예컨대 여성 문제는 단순한 비선택이 아닌 이 같은 배제의 힘에 눌린 사례를 잘 보여준다. 옛날 옛적에는 야간 통행금지라는 게 있었다.[1] 민주화 세대의 청년기였던 1980년대 초반, 그때는 야간 통행금지가 해제된 직후였는데 여성이 밤늦게 거리를 다니는 것은 여전히 비난거리였다. 반독재 운동이나 공부 모임, 조직 활동 등에 참여하다 보면 귀가 시간이 늦어지기 십상이었는데, 여학생들은 부모님이 정한 통행금지 시간을 넘겼다고 혼쭐이 나거나 심지어 모르는 사람인데도 지나가는 나이 많은 어른들로부터 꾸지람을 듣는 일이 흔했다.

그런데 이 같은 외부로부터의 제재가 아니라 자기 검열이 더욱 큰 힘을 발휘했다는 것이 문제다. 민주화 세대의 여성들은 청년 시기 스커트를 거의 입지 않았고 여성스러운 파스텔톤이나 원색 계열의 옷을 꺼렸다. 활동상의 편의를 위한 이유도 있지만 그보다는 무채색 계열의 셔츠에 청바지를 입는, 성(性)을 드러내지 않는 일종의 분위기 탓이 더 컸다. 스커트는 아예 선택지에 없는 배제였던 것이다.

---

1 1945년 9월 8일부터 시작된 야간 통행금지는 초기에는 밤 8시부터 새벽 5시까지였다가 점차 줄어들어 밤 12시부터 새벽 4시까지로 단축되었으며, 1982년 1월 5일을 기점으로 해제되기까지 무려 37년간 이어졌다.

어느 날, 민주화 운동에 함께 참여하던 한 여학생이 스커트에 부츠 차림으로 학교에 나타나자 몇몇 선배들이 부르주아적이라며 지적을 한 일이 있었다. 지식인인 대학생이 지배층의 행태를 무의식적으로 따라하거나 겉모습을 치장하는 데 시간을 허비해서는 안 된다는 것이 이유였다. 개인의 자율성과 다양성을 부정하는 이같은 발언에 다른 학생들은 묵묵히 있음으로써 동의를 나타냈다. 시위가 일상이 되어버린 상황에서 스커트 차림은 움직이기에 불편할 뿐만 아니라 행동하는 데에서 소극적이라는 오해를 살 수 있으니까, 하는 소극적 동의이거나 여중 여고에서 내내 스커트만 입은 데 대한 저항으로 바지만 고수하겠노라는 적극적 동의인가의 차이는 있다. 그런데 어떤 주제에 대해서든 늘 격렬한 토론과 논의를 하던 청년들이 이 문제에 대해서만은 당연하다는 듯이 그냥 묵인하고 넘어간 것이다. 물론 이런 순응에는 이유가 있었다. 독재 정권의 칼날이 매일 매시간 청년들을 겨누고 있다는 사실은 실재하는 위협이었다. 그 앞에서 이 정도 차이는, 하면서 순응을 선택하게 되는 것이다. 그런데 이 같은 순응은 문제 자체를 배제하는 결과를 낳았다.

여성 문제를 드러내는 또 다른 예로 흡연을 들 수 있겠다. 또 다시 옛날 옛적 이야기를 하자면, 당시에는 실내 흡연이 가능했기에 남학생들은 자연스럽게 과 사무실에서 담배를 피웠다. 하지만 여학생이 과 사무실에서 담배를 입에 물면 여기가 술집인 줄 아느냐는(이 말에는 술집 종업원이 아닌 여성은 담배를 피워서는 안 된다라는 의미가 숨겨져 있다) 말을 들어야 했다. 그렇다고 밖에서 피운다면 백골단에게 운동권 여학생으로 눈도장이 찍힐 가능성이 있기 때문에 위험하기 짝이 없는 행동이었다. 한마디로 남성과 달리 여성에게는 흡연이나 금연을 선택할 권리가 아예 배제되고 없었다. 여성이 공공장소에서 담배를 피운다는 것은 한편으로 지배 질서에 대한 도전이고 강제 주입된 과거 여성상과의 단절이며 저항이라는 시각도 있었는데, 독재에 대한 저항은 괜찮지만 여성 억압에 대한 저항은 안 되는 것이었다.

게다가 스커트에 대한 반대가 순응적 여성성을 벗어던지라는 의미였다면 흡연 문제는 남성성에 도전하지 말라는 의미로도 받아들여졌기에 성역할 분담과 궤를 같이 하는 면도 있었다. 이건 조직 안에서도 다르지 않았다. 써클의 책임자는 대부분 남성이고 여성은 보조적인 업무를 맡았다. 이것을 바꾸려는 노력이 부분적으로 시도되기는 했으나 매우 예외적이었다. "과에서 농활[2]을 갔는데 농활대장을 3학년 여학생이 맡았었거든요. 농민 대표나 마을 주민들이 무척 어색해 하시더라고요. 그런데 우리 대장이 외모만 여성이지 시원시원하고 박력이 있는 것이 꼭 남자 같았어요. 1주

---

2  당시 학생운동에서는 과별, 써클별로 여름에는 농촌활동프로그램(농활)을 겨울에는 공장활동프로그램(공활)을 운영했다. 농촌 마을 대표와 직접 협의해서 일손을 도우러 가는 농활과 달리 공활은 대학생 신분을 속이고 한 달 혹은 두 달 정도 공장 생활을 직접 경험하는 것이었다.

일 남짓 농활을 하고 돌아올 때는 대장의 인기가 최고였어요."라는 이야기에서 알 수 있듯이 여성성을 드러내지 않는, 남성 같은 여성만이 지도부의 역할을 일부 나누어 맡을 수 있었다. 그러니 계급 차별과 성차별 중 어떤 것이 중요한가, 계급 차별을 없애면 성차별도 없어지는가 하는, 소위 '뭣이 중헌디' 논의가 자연스럽게 불거져야 하는데 오히려 조용했다. 눈앞에서 백골단이 달려드는데, 눈앞에서 벗이 끌려가는데 남녀 차별 문제를 거론하는 게 혹시 배부른 소리가 아닌지 움츠러들었던 것이다.

사랑과 연애에도 배제의 힘이 작동했다. 일부 써클에서는 회원들 간의 연애를 터부시했다. 사랑에 빠진 남녀는 민주주의를 향한 도전 정신이 약해지고 행동하기가 어렵다는 것이 이유였다. 하지만 사랑은 멈추지 않았다. 청춘이 사랑에 빠지지 않기란 참새가 방앗간을 그냥 지나치기만큼이나 어려운 일이다. 그러다 보니 사랑에 빠진 여성과 남성은 자신이 한 개인에 대한 사랑에 눈이 멀어 함께하는 벗들에 대한 사랑, 인류에 대한 사랑, 민주주의에 대한 열정을 등한시하게 된 건 아닌지 고민에 빠졌다. 연애의 상대가 돈이 많고 부유한 집안 출신인지, 좋은 대학을 나왔는지, 장래성이 있는지 하는 건 고민거리가 아니었다는 점에서 긍정적인 면이 없지 않다.

하지만 개인의 자유의지나 행위를 조직의 규율이라는 것으로 금지하고 이것을 별 무리 없이 받아들이게 한 것은 분명 배제의 힘일 것이다. 사랑조차 숨겨야 하는 경험은 개개인에게도 영향을 끼쳤지만 성이나 사랑 같은 문제를 철저하게 숨기는 문화를 만들었다. 독재 타도, 민주 쟁취를 위한 정치적이고 집단적인 행위를 방해한다는 이유로 개인의 자유나 행위를 옭아매는 이중적 억압이 존재했던 것이다. 특히 여성 문제는 아예 논의 자체가 어려웠고 성역할 분담 같은 지배 문화에 순응할 수밖에 없었다.

민주화 세대는 스스로 참여를 결정하고 스스로 조직을 만들어 그 조직의 책임자가 되고 스스로 목표와 규율을 정해 그것을 따랐다. 기업에서든 사회단체에서든 층층시하에서 알바나 인턴으로 커피 심부름이나 복사부터 시작하는 건 예나 지금이나 마찬가지일 수 있지만 지금 세대와는 달리 전략을 짜고 기획을 하며 사람 모으는 일을 일찌감치 경험했다. 새로운 조직의 책임자가 2, 30대였고 새로운 규율을 만들어나가는 주체도 2, 30대였다. 10만 혹은 100만이 모이는 전국 집회를 계획하고 준비하며 시위를 이끌 뿐만 아니라 혹여 있을 사고에 대비해 시위 대열을 정비하고 후원금을 모금하는 것까지 2, 30대가 직접 했다. 활동의 장에서만큼은 층층시하라는 경험이 존재하지 않았다.

민주화 세대는 어느 작가의 말처럼 "사는 대로 생각하는 것이 아니라 생각하는 대로 살았다".[3] 너는 아직 어려서 이 업무를 맡기

3  스콧 니어링, 『스콧 니어링 자서전』, 김라합 역, 실천문학사(2000)

어렵다, 하는 말은 듣지 못했다. 기득권에 저항하고 사회를 변화시키며 조직을 이끌어갈 다른 사람이 없었던 탓이다. 덕분에 민주화 세대는 과거와 현재와 미래를 넘나드는 시야와 지식과 웅변 능력과 리더로서의 자질을 키웠고 악의 평범성에 물들거나 무력감에 시달릴 여지가 상대적으로 적었다.

그렇게 민주화 세대는 '이름'을 얻었다. 항상 시대정신이 무엇인가를 물으며 삶의 좌표를 고민했던 세대, 불새처럼 날아올랐었다고 술회할 수 있는 세대, 자유와 정의를 위해 몸부림쳤다고 단언할 수 있는 세대, 기득권에 저항해 그것을 조금은 빼앗은 성공의 세대, 수배와 구속, 고문과 죽음의 위협 속에서도 원한 것을 행했던 세대. 어느 한 세대가 이러한 경험을 공유하고 있다는 것은 대단한 행운이다. 수많은 희생을 치르고서도 운명을 만들어내는 행운을 누려보지 못한 세대가 더 많기 때문이다. 희망이 있던 세대라는 점에서 민주화 세대의 청춘은 지금 청년들의 청춘과 달랐다.

# 깃발, 대자보, 유인물

세대의 경험은 사라지지 않는다. 역사의 물길에 함께 발을 들여놓으면 각 세대의 경험을 고리로 세대 간 연결, 혹은 일종의 리메이크가 이루어지고 그 과정에서 새로운 문화와 새로운 역사가 만들어진다.

민주화 세대의 경험을 압축할 수 있는 단어로 많은 사람이 '깃발'과 '대자보', '유인물'을 들곤 한다. 이 세 가지는 사람들을 연결하는 매개체이자 참여하고 발언할 수 있는 장이었다. 신문, 방송 같은 언론은 독재 정권이 장악하고 있었기에 우리는 깃발과 대자보와 유인물로써 신문이나 방송에는 나오지 않는 소식을 전하고 사건을 파헤치고 울분을 토로했다. 아마도 지금의 SNS나 팟캐스트의 조상쯤 될 것 같다. 그러나 정치인이나 유명인이 아닌 익명의 대학생, 익명의 시민이었다. 이름을 밝히는 순간 바로 경찰의 표적이 되는 데다가 '나'의 주장이 아니라 '우리'의 이야기라고 생각했기 때문이었다. 스타와 추종자의 관계가 생긴 것은 90년대 이후이다. 민주화 세대는 개인의 이름이 아닌 '우리', 세대의 이름으로 말했다.

당시에는 전국 어디든 대학 총학생회 사무실에는 항상 깃발들이 즐비했다. 독재 타도 직선제 개헌, 혁명으로 제헌의회, 민중민주주의 등 지금 보면 시쳇말로 진지충의 극한을 보여줄 법한 구호들이 씌어 있는 깃발들이었다. 일단 집회 시위장에 나갔다가는 틀림없이 경찰에게 빼앗기니까 매번 다시 만들 수밖에 없었는데 깃발을 만드는 건 사명감을 불러일으키는 비장한 행위였다. 학생회실에서는 깃발 제작에 필요한 기다란 대와 주로 하얀색인 천, 페인트 들이 늘 발에 채였다. 깃발은 써클이나 학생회 등이 저마다의 정체성을 드러내는, 즉 채널의 상징이었던 셈이다. 그리고 이런 깃발들이 합류하는 크고 작은 집회나 시위는 일상의 플랫폼이었다. 바로 그곳에서 익명의 개인들은 많은 것을 포기한 채 하나의 목표를 위해 모였다. 대중의 한 사람이었지만 수동적이라고 느끼지는 않았다. 모인다는 것 자체가 대가를 치르는 행위여서 크든 작든 스스로의 자율적인 선택을 거쳐야 했기 때문이다.

아침저녁으로 대자보를 써서 붙이는 것도 중요한 일과였다. 80

년대 초에는 대자보를 쓰고 붙이는 것 자체가 불법이어서 학교와 경찰의 눈을 피해 이른 아침 혹은 늦은 밤에 대자보를 내걸었다. 학생들이 대자보 주변에서 웅성거리는 기미만 있어도 학교나 경찰 측에서 득달같이 쫓아와 바로 뜯어가곤 했다. 그러다 80년대 중반 무렵부터는 학교에서 대자보를 붙일 수 있는 공간을 별도로 허용하기도 했다. 그런데 공간에 비해 붙여야 하는 대자보는 늘 차고 넘쳤다. 그러다 보니 정해진 곳 외에도 온갖 벽이 대자보로 가득 찼고, 학교 행정실은 떼고 학생회는 붙이는 일이 양쪽 모두에게 일과가 되었다. 일반 스케치북 사이즈인 8절지의 8배 크기인 전지가 대자보의 규격이었다. 전지 한 장으로 된 대자보도 있지만 대부분은 두세 장이 기본이었다. 특히 촌철살인, 똑 떨어진 비유, 명석한 분석이나 읽는 이의 마음을 움직이는 진심 등 글솜씨가 돋보이는 대자보는 입에서 입으로 퍼져나갔다. 대자보 필자의 정체는 귀엣말로 흘러다닐 때도 있었지만 거의 대부분 익명이었다. 이러한 대자보와 그 대자보들이 붙는 공간은 일종의 플랫폼을 형성했다. 여러 써클이나 학생회의 의견이 드러나고 또 그걸 읽은 학생들 사이에서 토론과 소통이 활발해졌다. 대자보를 매개로 생각이 흐르고 대자보를 계기로 참여가 이루어진 것이다.

유인물도 중요한 역할을 했다. PC가 보급되기 시작한 것이 1990년대 초반이고 휴대전화도 1990년대 중후반이 되어서야 대중화되었으니 1980년대까지는 서로의 의견을 알리고 공유할 수 있는 길이라야 대자보 아니면 유인물밖에 없었다. 신문이나 방송에는 단 한 줄도 언급되지 못한 사건의 진실, 새로운 주장 등을 담은 유인물이 끊임없이 만들어지고 시민 속으로 흘러들어갔다. 이런 유인물들은 유언비어를 줄여서 만든 '유비 통신'이라는 말로 통칭되었는데, 언론이 제 기능을 못하는 상태에서 유언비어가 거꾸로 진실을 전하는 역할을 한다는 풍자이기도 했다. "민주주의를 열망하는 학우 여러분"이나 "민주 시민 여러분" 혹은 "노동자 농민 빈민 여러분"으로 시작하는 시국 선언, 결의문, 성명서 등이 연일 거리에 뿌려졌다.

개인용 컴퓨터나 프린터는 고사하고 복사기도 귀하던 시절이었다. 역시 프린터, 복사기의 조상 격인 등사기를 이용해 유인물을 한 장씩 찍어냈다(실제 행위를 기준으로 하면 '밀어냈다'가 더 맞는 표현이겠지만). 여러 장 찍다 보면 글자가 흐려지게 마련이라 때로는 유인물을 읽는 게 암호 해독 작업이 되기도 했다. 이렇게 만든 유인물을 늦은 밤 골목골목 다니면서 우편함에 꽂아두기도 하고 시위가 있을 때 들고 나가 거리에서 뿌리기도 했다. 수천 수만 장의 유인물을 찍어야 할 때는 인쇄소를 찾아가 제대로 된 인쇄를 맡기기도 했다. 몇 군데 안 되었지만 일종의 위험수당 같은 걸 받고서 비밀리에 유인물을 찍어주던 인쇄소도 있었다. 그러다 경찰에 발각되어 영업정지를 당하기도 했고 유인물을 찾으러 간 이들이 현장에서 붙잡히는 경우도 흔했다.

한참 시간이 흐른 뒤, 한겨레(1988년 5월 5일 창간)와 같은 자유 언론이 만들어지고 언론 표현의 자유가 신장되면서 유인물의 역할은 줄어들었지만 완전히 사라진 것은 아니다. 역할과 비중은 조금 달라졌지만 유인물은 더욱 세련되고 친근한 모습으로 시민들 사이의 소통을 매개하고 있다.

# 세대를 아우른 반란의 축제

80년대 노래를 리메이크한 버전이 원작과는 전혀 다른 감성과 느낌과 문화를 담아내듯 80년대 민주화 세대의 저항 문화는 한 세대를 지나 촛불 시위를 통해 완전히 새롭게 리메이크 되고 있다. 사실 리메이크라고 하기에는 워낙 독창적이어서 굳이 민주화 세대의 문화를 말하지 않아도 그 자체로 충분히 완결적이라고 생각한다.

이러한 리메이크의 첫 번째 특징은 익명성을 넘어선 참여이다. 익명이던 대자보를 이제 자기 이름을 걸고 쓴다. 집단의 목소리가 나였던 시대에서 내 목소리가 그냥 나인 세대로의 전환이다. 또 대자보가 대학생만의 전유물도 아니어서 최근에는 초등학생부터 중

장년에 이르기까지 대자보를 쓴다. 대학 건물만이 아니라 아파트, 지하철 계단 벽면, 엘리베이터에서도 간혹 대자보를 본다. 포스트 잇이나 스티커의 형식으로도 내걸리는데 수백 수천 개의 포스트 잇이 붙은 벽은 대자보 퀼트 같은 인상을 준다. 스티커와 포스트잇 이 빽빽이 붙은 경찰 버스도 일종의 대자보일 터이다. 오프라인을 벗어난 대자보는 트윗이나 페이스북 등 온라인을 타고 전 세계로 공유되기도 한다. 그 과정에서 온갖 형식적 변주를 겪으며 페이스 북라이브, 밴드, 블로그, 유튜브, 인스타그램 등을 통해 자유롭게 건너다닌다.

리메이크의 두 번째 특징은 유쾌한 패러디이다. 촛불 광장을 수놓은 수백, 수천의 깃발과 피켓은 개인 혹은 집단의 이름으로 역사와 일상을 패러디하면서 저항을 담는다. 재규바라(체 게바라와 김재규를 믹스), 트잉여운동연합(트잉여-트위터를 하는 잉여인간), 전국 게으름뱅이연합, 혼자온사람들, 독거총각결혼추진회, 한국서른즈 음에무기력자총연합(한총련 패러디), 근혜야넌하야할때제일이뻐 찡긋(>_<), 그네를만나는곳100미터전, 무성애자연대, 민주묘총, 범 야옹연대, 범깡총연대, 당장청와대비우그라, 하야하그라, 한국고 산지 발기부전연구회(비아그라 패러디), 안남시민연대(안남시는 영화 '아수라'의 배경인 가상 도시), 안남대학교리볼버과(역시 영화 '아수라' 패러디), '하야와번영을'행성연합지구본부한국지부 등등. 이 밖에 도 수많은 패러디가 반란의 축제를 만들었다. 시민이 느끼는 분노

와 좌절, 깨우침을 표명하되 통 큰 발랄함을 더한다. 이런 유쾌함은 민주화 세대가 갖지 못한 새로움이다.

세 번째 특징은 퍼포먼스이다. 틀림없이 시위인데 과거와 달리 시위를 일종의 퍼포먼스로 바꾸는 것이다. 시위인지 공연인지, 시위인지 축제인지 알 수가 없다. 80년대의 시위 현장이 최루탄으로 기억된다면 2000년 이후의 집회 시위 현장은 다양한 퍼포먼스로 기억될 것이다. 집회 참여자가 다 함께 만든 촛불 파도타기, '박근혜 씨 하야하소'라는 깃발을 멘 진짜 소의 등장도 있었다. 시민들은 시위가 영상으로 보여졌을 때의 모습까지 생각하면서 움직이는 것 같았다. SNS에 올릴 인증 사진을 찍고 방송사 카메라가 다가오면 손가락 브이를 그리거나 환하게 웃는 얼굴을 드러냈다. 피켓을 든 채 버스와 지하철을 타거나 집회 현장을 훌쩍 벗어난 자신의 집 창문에 깃발을 내건 시민도 적지 않았다.

그리고 과거와 가장 다른 점은 '내가 나를 대표한다'는 촛불 시민의 의사 표현일 것이다. 어떤 사람은 이것이 리더의 부재를 상징하는 것이라며 그런 점에서 촛불은 미완성의 혁명일 수밖에 없다고 한다. 과연 그럴까. 촛불 시민은 리더를 부정하는 것이 아니다. 다만 리더십의 성격 변화를 요구하는 것이다. '나를 따르라'는 영웅의 서사가 아니라 '내가 곧 당신이다'라는 공감의 서사로 리더십의 전환을 요청하는 것이다. 추종자에서 참여자로, 참여자에서 주체로 시민의 위치가 바뀌는 것은 정치 혹은 정치적 리더의 위치를 바꾸는 것이기도 하다.

'새로운 표준'이라는 뜻의 『뉴 노멀』을 쓴 피터 힌센은 기업과 소비자 간의 위치 변화와 관계의 변화를 강조하면서 기업의 마케팅(메시지)이 어떻게 달라졌는지 설명한다. 그에 따르면 기업의 마케팅은 3단계에 걸쳐 바뀌었다고 한다. 1단계는 기업이 상품 광고를 일방적으로 뿌리는 대량 마케팅 단계이다. 이때는 기업이 주체이며 소비자는 추종자일 뿐이다. 2단계는 기업이 소비자의 민원을 듣는 직접 대화의 단계인데, 기업이 여전히 주체이긴 하지만 일방성은 많이 완화된다. 힌센은 1단계와 2단계를 거쳐 현재는 3단계인 공동체(커뮤니티)적 대화로 이행했다고 말한다. 디지털 커뮤니티의 등장으로 사용자들이 커뮤니티에 모여 기업과 상품에 관한 평가를 하면서 이야기를 만들어내는 단계라는 것이다. 이 단계에서는 더 이상 기업이 마케팅의 주체가 아니며 일방적인 마케팅은 실패하기 쉽다. 즉 과거의 광고 마케팅 시절에는 그들(기업)이 지휘하고 통제했지만 이제는 우리(소비자)가 지휘하고 통제한다. 따라서 '반응'이 메시지이자 마케팅이 되어야 한다.

촛불 집회도 바로 이와 같은 변화를 요구하고 촉진한다. 과거의 기준에 준해서 리더 혹은 리더십의 부재라고 평가절하해서는 안 된다. 어쩌면 한 번도 경험해보지 못한 탓에 부재로 보일 수도

---

1 피터 힌센, 『뉴 노멀-디지털 혁명 제2막의 시작』, 이영진 역, 흐름출판(2014)

있다. 언제나 새로운 것은 처음에는 눈에 잘 띄지 않는 모습을 하니까.

민주화 세대와 지금의 청년 세대, 과거의 화염병 시위와 지금의 촛불 시위는 분명 다르지만 그것이 단절은 아니다. 리메이크를 통해 공유되고 새로운 것으로 탄생했기 때문이다. 그 결과 민주화 세대의 아날로그 영혼이 청년 세대의 디지털 혁명에 깃들고, 과거는 회고나 추억 혹은 넋두리가 아니라 미래를 위한 열정으로 바뀌었다. 그래서 민주화 세대는 청년 세대에게 진심으로 감사하고 진정으로 응원한다. 광장에서 만나 함께 어우러질 수 있는 것은 청년 세대의 도전이 있었기에 가능했다.

그렇게 함께 서 있는 동료로서 한 가지 덧붙이자면, 각 개인이 저마다 풀어야 할 문제를 갖고 있는 것처럼 각 세대 역시 도전해야 할 과제가 있다는 점이다. 민주화 세대가 이름 없는 대중으로서 자신들의 시대와 정면으로 부딪혔다면 지금의 청년 세대는 당당하게 자기 이름을 내걸고 시대의 과제 앞에 서 있다. 여러분이 포기하지 않으면 벽은 결국 무너지고 시대는 바뀐다. 희망 대신 절망부터 알아버린 청년 세대가 민주화 세대보다 더 어려울 수는 있지만, 세대를 넘어 우리가 함께 하기 때문에 여러분이 이긴다. 여러분이 이겨야 미래가 온다.

# 4장

# 희망은
# 언제
# 사라졌나

출근하는 것처럼
양복 입고 나왔는데
갈 곳은 없고

가족은
뿔뿔이 흩어지고
자살률만 올라가요

엄마 아빠가
돈 벌어 온다고
고아원에
맡겼어요

부부가 한직장에 다니니
아내 먼저 해고한대요

> 우리 세대는 해볼 건 다 해본 것 아닌가? 희생도 했지만
> 그만큼 얻기도 했고. 고등학교만 나와도 웬만한 직장엔
> 다 갔잖아. 독재 시대를 견뎌야 했지만 희망이 있었지.
> 그런데 바로 그 희망이 이제는 사라진 거야. 다시 생길까?

작은 대학의 교수로 있는 어느 선배가 지난해 가을 이렇게 물어왔다. 선배
는 취업난에 허덕이는 제자들을 무척 안쓰러워했다. 그날은 선배가 내게
특강을 부탁했기에 찾아간 참이었다. 수업 전 연구실에서 차 한 잔을 건네
주면서 선배는 제자들의 취업을 부탁하기 위해 영업 사원처럼 기업을 돌
아다닌다고 털어놓았다. 그런데 우리가 희망을 밀어내고 그 자리를 극심
한 불평등과 차별로 채운 게 언제였을까. 위로 올라가는 사다리를 쓰러뜨
려 버린 때가….

경제학을 전공한 그 선배의 말에 따르면 희망이 사라져가는 조짐은 이미
90년대 중반에 나타났다고 한다. 하지만 직접적인 계기는 역시 IMF라 불
린 경제 위기였다. 사실 IMF는 위기 그 이상의 재앙이었다. 국가와 국민이
자신의 운명을 스스로 결정할 힘을 상실했고, 기존의 구조는 완전히 바뀌
었기 때문이다.[1] 그리고 10여 년이 흐른 뒤인 2008년 1월 이천 냉동창고 화
재 사고, 2009년 1월 용산 참사, 2014년 4월 세월호 참사와 2015년 메르스
사태가 희망이 사라진 나라의 참상을 적나라하게 드러냈다.

1  은수미, 『IMF 위기』, 책세상(2009)

# 희망을 말하고, 이루었던 시절

80년대 한국은 넉넉하지 않았다. 1980년 1인당 국민소득이 100만 원, 괜찮은 일자리의 노동자 월급이 17만 6천 원이었다.[1] 자가용은 최상류층이나 가능했고 대부분이 버스를 이용했다. TV는 살림살이의 정도를 가르는 기준이었다.

그러다 보니 7080 세대에게는 TV를 둘러싼 에피소드도 적지 않다. "우리 시골 마을엔 TV가 딱 한 집밖에 없어서 저녁밥 먹고 나면 동네 사람들이 그 집에 다 모였지. 다들 일일드라마 '여로'를 엄청 좋아해서 방송 시간만 되면 그 집 마루가 꽉 찼다니까." 하는

---

[1]  10인 이상 사업체 노동자의 월평균 급여. 한국노동연구원, 「KLI 노동통계」(2009) 참고

이야기가 대표적이다. 여기에 "그 집 아이랑 친구였는데 구슬치기 하다 졌다고 나더러 TV 보러 오지 말라는 거야. 어쩔 수 없이 내가 딴 구슬 다 주고 겨우 TV를 보러 갔다니까." 하는 이야기가 뒤따르곤 했다. 말을 하다 보니 '그때를 아십니까'가 되어버렸는데, 당시에는 살림 형편이 넉넉하지 않은 것, 즉 가난이 별다른 일이 아니었다. 다 가난했으니까. 또한 열심히 일하고 노력하면 삶이 더 나아질 거라는 희망을 모두가 가졌다. 공부를 잘하면 개천에서 용이 날 수도 있었고, 굳이 공부가 아니더라도 기회는 많았다. 부모의 재산이나 출신 지역이 미래를 결정하기 이전의 시기, 도전과 기회의 시기가 80년대였던 것이다.

당시에 존재했던 가난은 대물림되지 않을 수 있었고 부와 빈곤 사이에 뚜렷한 경계도 없었다. 어린 시절 내가 살았던 동네에는 신림천(일찌감치 복개되어 지금은 흔적만 남아 있다)이라는 하천을 따라 판자촌이 즐비했고 관악산 자락의 초등학교 부근에는 고아원이 있었다. 그러나 아이들은 모두가 친구였기에 판자촌과 단독주택과 고아원을 오가며 놀았다. 어디 사는지, 뉘 집 자식인지는 중요하지 않을뿐더러 아이들의 놀이를 방해하지도 않았다. 학교가 파하자마자 집으로 달려가 책가방은 내동댕이치고 동네 친구들과 어울려 고무줄놀이부터 구슬치기까지 정신없이 뛰놀았다. 밥 먹으라는 엄마들의 목소리가 담을 넘어 메아리치면 그제야 놀이를 멈추며 아쉬워했던 '응팔 세대'는 드라마 속에만 있는 게 아니었다.[2] 그때 가난은 그저 '현재' 문제일 뿐 얼마든지 더 나은 삶과 성공을 꿈꿀 수 있었다.

그리고 정말로 꿈이 실현되었다. 87년 민주화(대통령 직선제)와 86 아시안게임, 88 올림픽 유치라는 일련의 사건에다 3저 호황(저금리, 저달러, 저유가)이 결합해 물질적으로 풍요롭고 자유로운 개인이 등장했고, 그와 함께 중산층의 시대가 열렸다. 1980년 1인당 100만 원이던 국민총소득이 1990년에는 435만 원, 1997년에는 1,063만 원으로 뛰었다. 열심히 일한 만큼 소득이 늘고 저축도 가능해졌다. 이자율이 20퍼센트를 넘어 무려 30퍼센트에 다다른 경우도 있어 은행에만 넣어두어도 돈이 쌓였다. 내 집 마련의 꿈도 이루어지기 시작한 데다 내 집의 값이 계속 오르기까지 했다. 1980년 평당 68만 원이던 대치동 은마아파트는 1990년 658만 원으로 10배가 뛰었고, 1998년에는 다시 1,013만 원으로 올랐다.[3] 분당과 일산을 비롯한 신도시 개발은 아파트 한 채씩을 가진 중산층을 만들어냈다. 개발 때문에 쫓겨나야 했던 원주민의 희생은 어쩔 수 없는 후유증으로 치부되었고, 그렇게 쫓겨난 사람들조차 더 나은 미래를 기대했다.

고등학교만 나와도 은행에 취직할 수가 있었고 전문대학 이상

---

2  1987년 이후 10년간의 시대를 다룬 tvN 드라마 <응답하라> 시리즈에서 따온 말

3  오마이뉴스리포트(2015), "평당 68만 원이던 은마아파트, 어떻게 50배나 올랐나"(http://m.ohmynews.com/NWS_Web/Mobile/Ten/report_last.aspx?atcd=A0002165618&srscd=0000011463)

나오면 좋은 일자리를 골라 갔다. 한국은행에 따르면 1993년 전문대 이상 졸업자가 423만 명이었는데 양질의 일자리는 483만 개였으니 골라 갔다는 말이 맞는 표현일 것이다. 따라서 당시 청년 실업의 이유는 병이나 이주 등의 개인적 사유나 직장을 옮기기 위해 잠시 쉬는 것 등이 대부분을 차지했다. 지금 같은 구직 포기는 상대적으로 적었다. 대학까지 졸업하면 금상첨화인 까닭에 교육열을 부추겼고, 그 결과 1980년 27.2퍼센트이던 대학 진학률이 1990년 33.2퍼센트로 늘어나더니 1995년에는 51.4퍼센트로 증가했다.

독재와 가난을 넘어 만들어낸 1987년 이후 10년은 억압이나 불평등 같은 무거운 주제 없이 희망만을 안고 살 수 있던 시기로, 개인성의 만개와 소비문화의 범람이 나타나기도 했다. 저축을 미덕으로 생각해 10년, 20년 된 냄비나 가재도구를 끌고 이사를 다닌 그 위 세대와, 쓰고 버리고 즐기는 자식 세대 간의 문화적 갈등이 곧잘 드라마의 소재가 되기도 했다. 그런데 이 시기가 가파르게 미끄러지기 직전 혹은 다리가 끊기기 직전 잠시 머물렀던 안전지대였다는 것은 IMF를 겪고 나서야 알게 된다. 1987년 이후 10년과 인생의 청춘기가 겹치는 세대는 그 시절에 대해 진한 그리움을 갖고 있다. 이들에게는 그때가 짧지만 찬란한, 어두워지기 직전의 저녁 햇살과 같다. 2012년 영화 <건축학개론>으로 촉발된 후 <응답하라> 시리즈로 반복 재현된 그리움, 그 그리움 속에서 1987년 이후 10년이 되살아난다.

바로 이 90년대 청년 세대는 그 이전 80년대 청년 세대와는 다르다. 후자는 민주화 세대로 불린 반면 전자는 흔히 X세대라고 불렸다. 이해하기 힘들다는 뜻에서의 X세대로, 과거와는 다른 문화와 행태에 대한 어른들의 어리둥절함의 표현이기도 하다. 그 뒤를 잇는 것이 네트워크 세대인 N세대이다. 2010년대에 20대를 보내는 이들은 아마 민주화 세대의 자식 세대일 텐데, 경제 불안과 치열한 경쟁으로 인해 'N포 세대'라는 신조어의 주인공이 되기도 했다. 그런데 90년대에 청춘을 보낸 X세대는 스스로를 '낀 세대'라고 부르기도 한다. 독재에 항거하고 자유의 창공을 향해 날아올랐던, 민주화 세대라는 특별한 경험과 이름을 가졌던 바로 위 세대의 영웅담을 듣고 자라야 했던 탓이다. 마치 잘나가는 형 바로 밑의 아우와 같은 느낌이었을 것이다.

그럼에도 불구하고 민주화 이후 IMF 직전까지의 이 짧은 10년은 모두에게 희망의 시절이었고 꿈은 이루어진다는 믿음의 시기였다. 독재에 의해 억압되거나 민주화 운동을 하느라 포기했던 개인적 자유를 만끽하기 시작한 시기였다. 2002년 월드컵축구 때의 붉은악마는 IMF에도 불구하고 남아 있던 90년대 그 희망의 여운이었는지도 모른다.

# 항상 IMF 같아요

IMF 경제 위기는 모두에게 날벼락처럼 닥쳤다. 1998년 크리스마스 무렵, 내가 감옥에서 나온 지 얼마 안 되었을 때였는데 30대 중반이 된 민주화 세대(당시 부르던 이름으로는 386세대) 친구들 일곱 명이 모였다. 그중 다섯 명은 해고 통지를 받은 상태였다. 하필이면 겨울, 그것도 연말이었다.

누구는 아내가 임신 중이고 누구는 새로 집을 장만했는데, 직장에서 잘렸다. 나라가 망한다는데 기업이 어렵다는데, 못 나간다 버틸 힘도 없다. 평생직장이라는 믿음이 흔들리기도 했지만 이 시기만 지나면 나아질 거다, 퇴직금 받은 걸로 작은 가게라도 내서 살다 보면 나아질 거다, 하는 희망을 버리지는 못했다. 해고자가 된 친구는 다른 친구의 아내가 임신 중이라니 제수씨 갖다 줘, 라며 작은 케이크를 건넸고 으레 그러듯 왜 제수씨야 형수님이지, 짐짓 발끈하던 대꾸에 웃음이 번지기도 했다.

하지만 기대와 달리 날이 갈수록 상황은 더 나빠졌다. 부부가 함께 직장을 다니면 당연하다는 듯 아내가 먼저 잘렸고, 신규 입사자는 해고 우선 대상이고 비정규직은 소리 소문도 없이 잘렸다. 모두가 당하는 해고라서 사실 정규직이나 비정규직의 구분조차 없었다. 1997년 약 57만 명이던 실업자가 1998년 149만 명으로 늘었다. 그중 청년층 실업자가 약 66만 명으로 전체 실업자의 44퍼센트에 육박했다. 잠재적 실업자[1]까지 합하면 전체 실업자는 200만 명이 넘었다.

가족에게 해고 사실을 차마 알릴 수 없었던 가장은 여느 때처럼 정장을 입고 집을 나와 산에 올랐다. 아무한테도 알릴 수가 없으니 산 말고는 갈 곳이 없었던 것이다. 거래처 부도 때문에 받아놓은 어음이 휴지 조각이 되어버린 중소기업 사장은 새벽 4시에 남대문 지하도에서 눈을 떴다. 아침은 구호 단체에서 끓여주는 라면을 먹고, 공원 벤치에 우두커니 앉아 있거나 지하철 2호선을 타고 하루 종일 돌기도 했다. 후배의 살생부를 직접 만든 어떤 부장은 우울증으로 정신과 의사를 찾았다.[2]

---

1 공식 통계에는 포함되지 않지만 사실상 실업 상태인 사람
2 은수미, 앞의 책

해고에서 살아남은 사람들은 자발적으로 임금을 동결하거나 줄였다. 1997년 146만 원이던 노동자 월평균 임금은 1998년 142만 원으로 줄었다.[3] 그래도 직장에서 쫓겨나지 않았다는 안도감 속에 퇴근을 했고 다음날이면 혹시 오늘 잘리는 것 아닐까 하는 걱정을 안고 아침 출근길에 나섰다. '오늘도 무사히'가 마음속에 품은 인사였다. 가장이 잘리면서 가정이 무너졌다. 가정 폭력이 늘어났고 부모에게 버림받는 아이도 많아져서 IMF 당시 한 보육원에 수용된 어린이의 75퍼센트가 부모가 있는 '고아 아닌 고아'였다고 한다.

그래도 사람들은 희망을 버리지 않았고 그런 마음이 전 국민적인 금 모으기로 나타났다. 나라와 기업들을 살리기 위해 무엇이라도 해야겠다고 너도 나도 발 벗고 나섰다. 간절한 마음으로 사람들은 돌반지, 결혼반지, 금열쇠 들을 내놓았다. 선진국에서는 이런 지경이 되면 경제 위기의 책임을 묻는 파업을 한다는데 한국은 달랐다. 파업하는 자는 매국노이고 금 모으기를 하는 사람은 애국자였다. 전국적으로 약 350만 명이 참여해서 모은 금만 227톤에 수출한 금값이 약 21억 달러(한화 2조 5천억)였다. 당시 대한민국 외환 부채가 약 304억 달러였으니 부채의 7퍼센트를 국민들로부터 받아서 충당한 셈이다.[4] 순순히 해고되고 임금을 줄인 것까지 생각

---

3 이때 월평균 임금은 10인 이상 사업체에서 일하는 사람만을 대상으로 조사한 것이다.
4 "금 모으기 운동, IMF를 이겨낸…"(http://tenasia.hankyung.com/archives/616243)

하면 기업의 경영 실패, 정부의 관리 실패를 온전히 국민이 떠안았다고 할 수 있다.

국민들의 이러한 희생 덕분에 IMF 위기를 빨리 넘어설 수 있었다. 그런데 세계에서 가장 빠르게 IMF 위기를 넘어섰다는 정부의 선언이나 해외가 감동했다는 언론 보도에도 불구하고, 또한 경제가 다시 성장하고 GDP가 늘어난다는데도 불평등은 갈수록 커지고 위로 올라갈 수 있는 사다리는 어디론가 사라지고 없었다. IMF 때 해고된 사람들은 다시 재기하지 못했고 항상적인 불안감에 시달렸다. 바로 곁에서 희망이 사라지는 모습을 어쩌지도 못한 채 지켜보아야 했다.

○○공사를 그만둔 것이 1998년입니다.
퇴직금도 꽤 있고 해서 1년 정도 쉬다가 사업을 시작했어요.
하지만 세 번째 시도한 분식집까지 망하면서 갖고 있던
퇴직금에 대출 받은 돈까지 사라졌습니다.
그 와중에 아내가 암에 걸렸고 5년간 투병하다 보니
10년 만에 생활보호대상자가 되었습니다.
지금은 보증금 천만 원에 월 20만 원짜리 셋방에서 노모와
중2, 고2 두 아이와 지냅니다. 아이들 때문에 살지요.

낡았지만 깨끗한 차림의 김성근(가명) 씨는 2008년 처음 만났을 무렵 50대 초반이었다. IMF 때 퇴직한 후 10년을 버틴 그는 당

시 78만 원의 생계수당만으로는 생활하기가 어려워 몰래 우유 배달을 한다고 했다. 우유 배달로 돈을 번 사실이 알려지면 부당 수급자가 되어 기초생활보장 대상자에서 제외된다. 그는 염치없지만 먹고 살아야 하니 어쩔 수가 없다며 희미하게 웃었다. 아이들에게는 다른 기회가 있기를 희망한다면서도 근심이 깊었다. 과거에는 공무원이 되거나 공사에 입사하는 게 쉬웠는데 요즘은 수십 대 1의 경쟁률을 뚫어야 하는 탓이다. 김성근 씨가 아이들을 들여보내고 싶다던 그 공사의 경쟁률은 최근 수백 대 1로 올랐다.

아웃소싱 붐이잖아요. 경기도 회복되고 회사 사정도 좋은데 직원을 자꾸 줄이고 하청으로 보내요. 하청 직원이라는 것만 다를 뿐 여전히 같은 일을 하죠. 전에는 저도 정규직이었는데 IMF 이후 이렇게 변했어요.

모 통신사에서 일하다 계열사로 보내진 후 다시 협력 업체 직원이 되었다는 40대 목진우(가명) 씨. 그를 다시 만난 것은 내가 19대 국회의원이 되고 나서였다. 후배들의 살생부를 만들다가 결국 자신도 그 자리를 떠나 협력 회사로 옮겼다는 그는 후배들에게 미안하다며 후배들의 부당 해고 무효 투쟁을 돕고 있다고 했다.

IMF로 믿었던 세계가 무너지고 자신의 일자리와 가족을 지키기 위한 악전고투가 시작된 지 10년이 지나고 20년이 지났다. 8, 90년대 희망을 가졌던 기억이 있는 부모 세대는 자기 아이만이라도 나아지기를 바랐다. 그러한 바람이 때로는 정규직 이기주의로 나타나기도 했다. 하지만 오늘날의 청년 세대에게 그들의 부모가 대신 희망을 만들어줄 수는 없다. 청년 세대는 또 그들대로 자기들의 부모가 불쌍하기만 하다.

> 원래 간호사가 꿈이었는데 빨리 돈을 벌어야 하고
> 간호사라는 봉사 일을 감당할 자신도 없어서 무역학과에
> 갔고 졸업하자마자 작은 기업에 정규직으로 입사했어요.
> 그런데 27살이 되니 겁이 나는 겁니다. 이 기업이 나의
> 30대나 40대를 보장해주지 않잖아요. 그래서 지금은
> 회사를 그만두고 간호학과 입시 준비를 해요.
> 자영업을 하면서 일하느라 애쓰시는 부모님께 미안하죠.
> 다 큰 딸이 또 손을 벌리니까요. 늦게 퇴근하는 부모님
> 모습을 보면 정말 미안하고 불쌍해요.

자신의 이야기를 들어줘서 고맙다던 20대 김가연(가명) 씨는 부모님도 힘들어요, 라는 말을 두 번이나 거듭했다. 당시 박근혜 정부에서 약 50억 원이나 들여서 부모 세대가 청년 일자리를 빼앗는다는 홍보를 대대적으로 해댄 탓이다.

> 제가 중학교 때 아버지가 해고되고 가족이 뿔뿔이 흩어졌어요.
> 그때부터 항상 불안한 것 같아요, 삶도 그렇고 나라 경제도
> 그렇고. 항상 IMF 같아요. 게다가 대학 다니다 그만둘 수밖에

없었으니 정규직은 꿈도 못 꿔요. 비정규직이라도 괜찮은데
야간 근무는 하지 않았으면 해요. 너무 힘들어서요.

30대 후반 최용남(가명) 씨는 집안이 어려워 결국 대학을 중퇴
한 후 군대에 갔다가 IT계열 회사에서 파견직으로 일한다. 비정규
직이 어떻게 결혼을 하느냐며 웃던 그는 대한민국 청년 세대의 평
균적인 모습을 하고 있었다. 불안한 삶, 불안한 직장, 불안한 미래.
그렇게 대한민국 사회는 정규직이라 불리는 정착민의 삶에서 비
정규직, 하청, 파견, 알바로 불리는 유목민의 삶으로 빠르게 변화
했다.

운이 좋아서, 작은 회사이지만 정규직으로 입사했고
4년이나 다녔어요. 그런데 이 회사가 망한 거예요.
그래서 퇴직금으로 작은 분식집을 차렸는데 그것도 망했죠.
지금은 모텔에서 일해요. 이곳은 월급을 꼭 현금으로 줘요.
덕분에 근로 기록은커녕 사회보험도 없어요. 24시간 일하고
하루 쉬고 또 24시간 일해야 하는 것이 좀 힘들죠.
미래도 없고….

30대 초반의 박관우(가명) 씨는 무덤덤하게 답했다. 다만 조심
스럽게 "정규직이 양보해야 하는 것 아닌가요. 재벌이 문제인 줄
알지만 어디 바뀌겠어요. 우리끼리 나눠야죠."라고 덧붙였다. 없는
사람끼리 도우며 살 수밖에 없다는 뜻이다.

이미 위로 올라가는 사다리는 끊겼고 미래를 향해 가는 열차도 없다. 폐쇄된 역에서 오지 않는 열차를 마냥 기다릴 수 없어서 철로를 따라 걷긴 하는데 끝을 알 수 없다. 짧지만 찬란했던 90년대는 그리움으로만 남았고 다시는 그런 시기가 찾아오지 않으리라는 절망뿐이다. 그 절망조차 그냥 삶이다. 그래서 항상 IMF 같다.

# 깊어지는 양극화

이러한 현실은 모두 자연스럽고 불가피한 것인가. 사라진 희망은 어쩔 수 없는 건가. IMF도, 그 이후의 양극화나 불평등도 모두 운명인 걸까. 하루 8시간 주 5일 이상 일해서 번 돈이 최저임금에도 못 미치는 현실은 정말로 개인의 무능력 때문인가.

2011년 최고은 작가의 죽음[1]과 2014년 송파 세 모녀의 죽음[2]은

---

1  2011년 1월 29일, 단편영화 <격정 소나타>의 연출가이자 시나리오 작가였던 최고은 씨가 숨진 채 발견되었다. 그녀가 이웃집 문 앞에 남긴 쪽지에는 "죄송해서 몇 번을 망설였는데… 저 쌀이나 김치를 조금만 더 얻을 수 없을까요. … 2월 하순에는 밀린 돈들을 받을 수 있을 것 같아서 전기세 꼭 정산해드릴 수 있게 하겠습니다."라고 하면서 "항상 도와주셔서 정말 면목없고 죄송하고 … 감사합니다."라고 쓰여 있었다. 생활고에 시달린 데다가 갑상선기능항진증과 췌장염으로 고통받은 최 작가는 그렇게 서른두 해 짧은 생을 마감했다.

2  송파 세 모녀 자살 사건. 2014년 2월 송파구에 사는 세 모녀가 생활고에 시달리다가

어쩔 수 없는 일이었을까. 2015년 현재 재벌 대기업이 보유한 부동산이 약 900조, 기업의 현금성 자산이 600조를 넘은 반면 가계 부채가 1,257조에 달한다. 재벌 대기업인 삼성이 고가의 말을 사주는 등 정유라에게 쓴 돈만 80억이 넘는다는데 이는 정씨 또래의 청년들로서는 상상하기도 힘든 거액이다. 이것이 자연스럽고 불가피한 현상인가.

1993년 '마누라와 자식 빼고 다 바꾸라'는 소위 신경영전략을 주창하면서 삼성 이건희 회장은 기업이 1류라면 정치는 3류라고 역설했었다. 그랬던 그가 20여 년이 지난 뒤 성매매 여성들에게 500만 원의 화대를 지급하는 동영상에 등장해 국민의 지탄을 받았다. 장애물 부문 승마 국가대표 선수를 지냈고 발군의 골프 실력을 자랑하면서도 허리 디스크로 병역면제를 받은 이재용 부회장은 지금까지 16억 원의 증여세만으로 후계 승계를 눈앞에 두고 있다. 400억 원대의 삼성 돈을 최순실과 정유라, 미르재단과 K스포츠재단에 내놓는 대가로 이재용 일가가 얻는 이익은 최소 3조 1,271억 원에 달한다고 한다. 게다가 자산 가치만 300조가 넘는 삼성전자를 비롯해 삼성그룹의 지배권을 완전히 확보할 경우 그

---

"정말 죄송합니다"라는 메모와 함께 갖고 있던 전 재산인 현금 70만 원을 집세와 공과금으로 남겨둔 채 번개탄을 피워 자살했다. 큰딸은 당뇨 등의 만성 질환을 앓아 일하기 어려웠고 어머니는 퇴근 빙판길에 넘어져 팔을 다친 뒤 산재급여도 실업급여도 받지 못한 채 일자리를 잃었다. 또한 작은딸은 돌아가신 아버지의 병원비 때문에 신용불량자가 된 후 변변한 일자리를 얻지 못하고 알바를 전전했지만 결국 생활고를 이기지 못했다.

들이 얻을 이익을 생각하면 여태까지 건네준 돈은 그야말로 껌 값이다.

비단 삼성가만이 아니다. 현대, LG, SK, 롯데를 비롯해 대한민국의 모든 재벌이 이와 유사한 불법을 자행하고도 승승장구할뿐더러 심지어 안하무인이다. SK 최태원 회장의 사촌동생인 최철원(전 M&M 대표) 씨는 부당 해고에 저항하며 1인 시위를 하던 화물연대 소속 노동자를 사무실로 끌고 가서 한 대에 100만 원이라며 10여 차례 야구방망이로 내리쳤다. 그렇게 반죽음을 만든 뒤 천만 원짜리 자기앞 수표 2장을 던져주고는 집행유예 3년, 사회봉사 120시간으로 풀려났다. 현대가 3세인 정일선 현대 BNG스틸 사장은 3년 동안 운전기사를 61명이나 갈아치웠다. "사장으로부터 '가자'라는 문자가 오면 번개같이 뛰어올라가 … 출발 30분 전부터 현관 옆 기둥 뒤에서 대기하고, 사모님 취침에 방해되므로 소리 나지 않게 주의하며, 신호나 차선을 무시하고 빨리 가라면 가라."는 내용의 A4용지 140장에 달하는 수행 기사 매뉴얼을 제대로 지키지 않았다는 이유에서였다. 삼성 이재용 부회장은 구속되긴 했지만 집행유예나 사면으로 풀려날 가능성이 일찌감치 점쳐진다. 미국이나 유럽에서는 그와 같은 혐의가 확정되면 최소 20년형 이상을 받을 수도 있다는데 한국에서는 어림없는 일이다. 이재용 부회장은 어느 날 다시 최고경영자로 되돌아올 것이라고, 시간은 결국 가진 자의 편이라고 우리의 경험이 속삭인다.

시민들은 일을 할수록 가난해지지만 재벌은 가만있어도 돈을 벌고 버젓이 불법을 자행해도 되는 극심한 불평등이 단지 IMF의 충격 때문만일까. 인권과 존엄이라는 말이 사라지고 자유와 민주는 장식에 불과하며 경쟁과 효율이 헌법을 깔고 앉은 채, 복지가 시민권이 있는 사람이 당연히 가지는 권리가 아니라 무능력한 사람에게 국가가 주는 시혜로 바뀐 것이 근면 성실하게 살아온 대한민국의 시민이 감수해야 할 운명인가.

시민이 주인의 자리에서 밀려나고 우리 곁에서 희망이 사라진 것은 이명박, 박근혜 정권의 책임이 크다. 하지만 민주 정부 10년 역시 그 책임으로부터 자유롭지 않다. 김대중 대통령은 IMF 2년을 맞는 1999년 12월 캉드쉬 IMF 총재와 존스톤 OECD 사무총장, 스티글리츠 세계은행 부총재 등을 초청한 국제 포럼 만찬에서 외환 위기 극복을 선언했다.[3] 생각보다 빠른 위기 극복을 전 국민이 축하했고 새로운 미래를 기대했다. 하지만 유연안정성 전략[4]에

---

3   다음은 IMF 2년 국제 포럼 참석자 초청 만찬 때 김대중 대통령의 연설문 중 일부이다. "우리 국민은 저를 믿고 함께 고통을 감내하며 노력해주었고, 그 힘으로 금융·기업·공공·노동 부문 등 '4대 개혁'을 추진하였습니다. 그 결과 오늘 한국 경제는 2년 전과는 비교도 되지 않을 만큼 놀라운 성과를 이루어냈습니다. 38억 달러에 불과하던 외환 보유고는 680억 달러로 늘어났고, 실업률도 4퍼센트대로 하락하였습니다. 환율과 물가·금리도 모두 안정세를 유지하고 있습니다. 외환 위기 과정에서 2만 3천 개의 중소기업이 도산했습니다. 그러나 이제 3만 개의 중소기업과 벤처기업이 다시 창업되고 있습니다. 이제 외환 위기를 완전히 극복한 것입니다. 저는 이러한 위대한 일을 해낸 우리 국민을 한없이 자랑스럽게 생각합니다."
4   유연안정성 전략은 비정규직을 많이 쓰고 해고를 쉽게 하여 유연성을 추구하는 대신 근로자가 실직하면 실업수당을 지급하는 등 사회 안전망을 강화하는 모델을 뜻한

기반한 민주 정부의 금융·기업·공공·노동 부문 4대 개혁은 1퍼센트 재벌과 소수의 기득권층에게 부와 권력을 몰아주는 결과를 낳았다.

> 더욱 강력한 개혁을 추진하여 무한 경쟁의 세계 시장에서 이겨내야 합니다. 이미 말한 '4대 개혁'을 완수하고 지식기반 경제의 시대로 진입해야만 세계 속에서 살아남는 경쟁력을 기를 수 있습니다. (중략) 일할 수 있는 능력을 가진 사람에게는 인간 개발과 평생교육을 통해 더 높은 고부가가치를 창출할 수 있는 신지식인이 되도록 지원하겠습니다. 그러나 자기 힘으로 생계가 곤란한 사람에게는 기본 생활을 보장해줄 것입니다.[5]

발언자 이름을 지우고 이 연설을 들으면 박근혜 정부의 '4대 개혁'과 큰 차이가 느껴지지 않는다. 4대 개혁뿐만 아니라 인간 개발이나 경쟁력, 고부가가치, 신지식인을 강조한 김대중 대통령 시기의 정책을 이명박과 박근혜 정부가 상당수 이어받은 탓이다. 이 때문에 민주 정부 10년 역시 한국 사회의 극심한 불평등, 하청 사회

---

다. 하지만 한국에서 유연안정성 전략은 시민에게는 항상적인 실직과 빈곤을, 재벌 대기업에게는 저렴한 비용과 막대한 이윤을 가져다준 것으로 평가된다. 한마디로 하청 사회로의 진입을 촉진시켰다는 것이다. 소위 제3의 길이란 이름으로 이 모델을 처음 도입한 유럽에서조차 불평등만 심화시켰다는 의견이 지배적이다.

5   위 3과 동일

와 포스트 민주주의로의 이행과 무관하지 않다는 목소리가 있다. 이런 평가에 동의하든 동의하지 않든 IMF 이후 유일한 승자는 재벌 대기업과 소수 기득권층이다. 국민은 IMF 이전의 그 찬란했던 희망의 꿈을 아련한 추억으로만 간직한 채 절망의 나락으로 떨어졌다.

# 정부, '제도화된 멍청이'

IMF 이후 가장 큰 변화는 정부였다. 김대중 정부와 노무현 정부는 사회보험을 확대하고 기초노령연금 등의 사회 안전망을 넓혔다. 그러나 재벌 개혁을 하지 못했고 경쟁과 효율이라는 이름으로 규제 완화와 감세 정책을 시작했으며 아웃소싱 혹은 민간 위탁이라는 이름으로 상당수의 공공 부문을 재벌 대기업에게 넘겨주었다. 결국 이것이 이명박 정부와 박근혜 정부에게 날개를 달아주었고 국민을 보호해야 할 정부는 재벌 대기업을 지원하는 정부로 바뀌었다.[1]

---

1  참여사회연구소 외,『민주 정부 10년, 무엇을 남겼나』, 후마니타스(2015)

김대중 정부 때 교육부의 이름이 교육인적자원부로 바뀐다. 의도했든 의도하지 않았든 사람을 '자원'으로 보는 관점이 강조된 것이다. 1914년부터 1945년까지 두 번의 세계대전으로 1억 가까운 인구가 사라진 잔혹의 시대, 인류는 이웃과 이웃이 총구를 겨눴던 시기를 경험해야 했다. 그 이유는 인간을 '인적 자원'(나치의 어휘)이나 '인적 자본'(공산주의적 어휘)처럼 과학적으로 파악하고, 자연 자원을 착취할 때와 마찬가지의 효용 계산과 산업적 방법을 인간에게도 적용했던 탓이다. 그런데 김대중 정부가 교육의 목적을 인적 자원 개발에 둔 것이다.

물론 변명의 여지는 있다. 당장의 경제 위기를 넘어서기 위해서는 IMF의 강력한 요구와 위협을 받아들일 수밖에 없었다. 또한 기업의 힘이 전례 없이 커진 건 한국만이 아닌 세계적인 흐름이었다. 경쟁과 효율, 감세와 규제 완화가 한국에서만 벌어진 것도 아니다. 선진 국가들 중 상당수는 작은 정부를 외치며 민간 기업에게 공공의 업무를 넘겼고 해당 기업들은 그것을 재하청 주었다. 그래서 선진적인 기업일수록 "금융에 관한 의사 결정 능력을 보유하고 있는 전략 본부를 제외하고는 거의 모든 것을 하청 주거나 외주화했다. 이런 본부는 브랜드 관리만 할 뿐, 실제 생산과 관련된 일은 거의 하지 않는다."[2]고 한다.

2  콜린 크라우치, 『포스트 민주주의』, 미지북스(2008)

이 거대한 변화 앞에서 처음 정권을 잡은 민주화 세력이, 국정 운영이 처음인 민주 정부가 할 수 있는 것은 많지 않았다. 경쟁과 효율, 감세와 규제 완화가 시민을 어떻게 몰락시키고 주인의 자리에서 내모는지를 알지 못했다. 우리만이 아니다. 선진국의 정부들도 잘 알지 못했다. 그러므로 민주 정부에 대해 일방적인 비난을 하거나 책임을 묻겠다는 건 아니다. 그보다 더 중요한 것은 두 번 다시 같은 잘못을 범하지 않기 위해 재벌의 강화와 정부의 약화를 객관적으로 살펴보고 길을 찾는 일이다.

산업자본주의 시대에는 모든 것을 하나로 집중하는 것이 중요하지만 금융자본주의 시대에는 온갖 곳으로 분산시키는 것이 중요하다. 전에는 사람을 대규모로 고용해서 기업의 힘을 키웠으나 이제 '고용 없이' 그 힘을 발휘한다. 대기업이 권력과 부에 더해 놀라운 기술 발전까지 활용할 수 있는 덕분이다. 편의점, 대리점, 가맹점이라 불리는 프랜차이즈 방식으로 고용계약 대신 사업계약을 하면 대기업의 지배력은 더 커진다. 아웃소싱이라는 이름으로 하청에 재하청의 연쇄 고리를 만들면 영향력이 더욱 확대된다. 병원부터 철도까지 아웃소싱은 절대반지이자 마법의 지팡이이다.

심지어 사람의 취향이나 선호마저 기업에 의해 만들어지고 통제된다. 카페나 도넛 프랜차이즈에서 줄을 서서 기다리고 정해진 메뉴 중에서 선택하며 불편한 의자에도 불평하지 않고 나가기 전에 먹고 남은 음식을 지정된 규칙대로 처리하는 것, 그것이 문화이다. 문화의 이름으로 대기업은 종업원부터 손님까지 모든 것을 통제한다. 셀프 매장에서 '셀프'를 거부하면 비문화인이 되듯 이 통제를 거부하면 야만인이라는 손가락질을 당할 수도 있다. 대기업은 이제 대규모 고용을 통해 힘을 발휘하는 것이 아니라 존재 자체가 힘이다.

반대로 정부는 약해졌다. 영국의 사회학자 크라우치에 따르면 '제도화된 멍청이'로 바뀌었다. 개인이나 조직과 마찬가지로 정부도 자기가 해본 경험이 없는 일에 대해서는 두려울 수밖에 없다. 스스로 했었던 일을 민영화하거나 민간 위탁할수록 정부는 능력을 잃는다. 경험과 전문성을 가진 사람이 정부에서 사라지고 전문성을 필요로 하는 업무일수록 기업이 더 잘할 거라는 일종의 신화가 생겨난다. 이 신화는 다시 민영화나 민간 위탁을 강화시키고 정부는 더 무능력해진다. 가장 우수한 인재들이 공무원 시험을 보겠다고 몰려드는데도 정부는 더 멍청해지는 것이다. 해본 경험이 없으니 능력도 줄어들 수밖에 없다. 공무원 10년이면 관리 능력이나 판단 능력은 물론이고 영혼마저 사라진다는 이야기가 있을 정도다. 늘어나는 것은 오로지 권력에 대한 순응뿐이다.

민주 정부 역시 비슷한 문제를 안고 있었다. 노무현 정부 5년 내내 삼성이 영향력을 행사했다는 의혹을 떨쳐내지 못했다. 노무현 정부가 설계한 인천공항공사는 애초부터 비정규직 80퍼센트로 구성되었다. 공항 경비 업무부터 보안 검색대까지 모두 비정규직이다. 공항을 찾는 모든 여행객은 공항에 발을 들여놓는 순간부터 탑승 직전까지 단 한 명의 정규직도 만나기 어렵다. 특히 보안존에서 일하는 노동자들은 국민의 생명과 안전에 관한 업무를 한다는 이유로 헌법에 보장된 파업권조차 반납해야 한다. 그럼에도 아웃소싱은 강화된다. 이명박과 박근혜 정권은 아웃소싱을 극한으로까지 몰고 갔다. 그 결과 정부에겐 더 이상 국민의 생명과 안전을 보장할 능력이 없다. 이윤을 추구하는 민간 기업이 국민의 생명과 안전을 보호하는 일을 더 잘할 거라는 신화가 힘을 얻었지만 현실은 세월호 참사였다.

정부가 더 빨리 능력을 잃을수록 재벌 대기업은 부도덕하고 불공정하며 불법적으로 비대해진다. 재벌이 사람 목숨을 아랑곳하지 않아도 돈을 버는 데에는 문제가 없다. 삼성 직업병 문제를 10년 넘게 해결하지 않는데도 삼성의 자산 가치는 더 늘어난다. 현대차 불법 파견 문제를 10년 넘게 해결하지 않아도 현대의 지배력은 줄어들기는커녕 더 커진다. 기술 탈취와 시민의 개인 정보 판매까지 서슴지 않는데 재벌은 면죄부를 받는다. 기간제와 파견을 늘리고 장시간 노동을 강화시키면서도 감세와 특혜를 청하는 몰염치한 민원을 태연히 정부에게 건네는 것이 재벌이다. 그 대가로 몇 백억 원쯤 내면 그만이다. 무능력한 정부를 조종하는 것은 이제 식은 죽 먹기이다.

희망은 완전히 사라진 것일까? 아니다. 희망을 없앤 것도 사람이지만 희망을 만드는 것도 사람이다. 오랜 시간이 걸리고 더 많은 헌신이 필요하지만 태양만 뜨면 우리는 살 수 있고 우리는 움직인다. 지나간 시간들이 이를 말해준다.

5장

# 비정규직에게
# 87 민주화란

상황이 이 지경이 되도록 우리는 무엇을 한 걸까, 제대로 살기는 한 걸까? 갑자기 다리가 풀리는 느낌이야, 할 만큼 했다고 생각했는데.

세상을 바꿀 수 있는 기회를 완전히 놓친 걸까, 아이들은 어떻게 하지? 그래도 우리는 누릴 만큼 누렸는데 미래는 어쩌지?

민주화 세대에 속하는 한 친구가 내게 물었다. 나 역시 한동안 할 만큼 했다고 생각하고 있던 참이었는데, 친구의 물음이 갑자기 화살처럼 날아와 심장에 꽂혔다. 생각해보면 이 질문은 2012년 대선에서 지고 난 후 다섯 명의 노동자가 연이어 목숨을 끊은 장례식장에서, 세월호 가족들 곁에서 11일간 단식을 하면서, 2015년 황교안 총리의 인사청문회를 하면서, 국정 농단 사건에 대한 JTBC의 폭로를 지켜보면서 나 스스로에게 던진 질문이기도 하다. 2016년 총선에서 낙선한 뒤 전국 강의를 다니면서 가장 많이 받은 질문도 '당신은 무엇을 했는가'이다. 총선에서 야당이 이겼는데 왜 바뀐 것이 없느냐, 당신과 같은 기득권 세력은 도대체 무엇을 한 건가 하는 물음들은 민주화 세대의 일원인 나 스스로를 돌아보게 했다.

# 할 만큼 했다

1997년 감옥을 나올 때 나는 '할 만큼 했다, 이제 소박하게 평범한 시민으로 살자'고 결심했다. 죽을 뻔했는데 살았으니 덤으로 사는 인생이 주어진 것이라 생각하고 더 감사하며 살자는 마음도 컸다. 사람이 할 수 있는 일이라고는 최선을 다하는 것뿐, 나머지는 하늘의 뜻에 맡기고 자유롭고 평화롭게 작은 기여라도 하며 살자고 생각했다. 잘못된 판단이었을까.

감옥에 있을 때 본 신문과 후배들이 넣어준 잡지에는 X세대로 대변되는 새로운 소비문화에 대한 소개가 가득했었다. 'TGI 프라이데이라는 패밀리 레스토랑이 생겼다'는 기사에 궁금증이 생겨 친구에게 물어보니 감옥으로 자세한 내용이 담긴 잡지를 보내주었다. 하지만 손님에게 무릎을 꿇고 서비스한다는 소위 퍼피독 자세를 사진으로 보면서도 실감하기는 힘들었다. 약간의 반감이 들기도 했고. 어쨌든 내가 살던 무채색 세상이 화려한 색상으로 변했다는 이미지만은 강렬하게 다가왔다. 그래서 삼풍백화점과 성수대교 붕괴라는 참사 소식을 접했을 때도 결국은 극복할 수 있는 과도기의 시련이라고 믿었다. 또 한편으로는 세상의 시계는 나 없이도 잘 간다, 나는 그저 살아서 나가기 위해 노력하자, 그리고 만약 살아서 나간다면 세상에 피해는 주지 말고 새로운 세대가 만드는 목표와 규칙에 적응하면서 하고픈 것을 찾아 한 사람의 시민으로, 민주 정부의 국민으로 살자고 생각했다. 살아야 할 이유를 찾아야 했기 때문에 더더욱 평범한 삶에 대한 집착이 컸다.

감옥에서는 '살아서 나간다, 이곳에서 나의 장례를 치르지는 않는다'는 확고한 목표가 있어서였는지 오히려 잘 버텼다. 교도관들도 도와주었다. 사람이란 오래 겪으면 정이 드는 데다가 교도관들이 보기에도 교도소에 수감된 처지에 장을 수십 센티미터나 잘라내는 대수술을 받았으니 안됐다는 생각이 들었을 법하다. 처음에는 무서운 빨갱이라는 선입견이 앞섰지만 안에서 지내는 모습을 보니 아닌 줄 알겠다, 뭐 이런 생각이었을 것이다.

실제로도 영등포구치소에 두 번째 들어갔을 때 한 교도관이 믿어지지 않는다는 듯 "은수미 씨는 다시는 안 들어올 거라고 생각했어요, 너무 얌전했거든. 우리가 저 사람은 아니다 하면 대체로 맞는데 수미 씨가 그 기록을 깼네요." 하며 놀라워했다. 영등포 구치소의 교도관들이 그렇게 생각한 이유가 있었다. 1985년에 처음 구속되어 6개월 남짓 사는 동안 신입방에서 기거했었다. 푸세식 화장실 청소도 하고 아직 재판 중인 사람들의 진술도 도와주며 즐겁게 지낸 탓에 '신입방 이쁜이'로 불리던 내게 어느 재소자가 물었다. "한국에도 집시가 있나요?" 집시법 위반 사범, 즉 집회 및 시위에 관한 법률 위반을 잘못 알아들은 것이다. 집시처럼 길거리에서 춤추고 노래하다 잡혔나, 하는 생각이 들 정도로 명랑하고 별 생각 없어 보였다는 것이다. 서울대를 다녔다 하니 그런 줄 알지 착하고 평범해 보이는 인상. 그런 나를 두 번째, 그것도 사회주의자라는 무서운 이름으로 다시 맞닥뜨렸으니 교도관들이 놀란 것도 당연한 일이었다.

두 번째 감옥은 힘겨웠다. 서른이 되던 1992년, 1년여 만에 형이 확정되어 보내진 강릉교도소의 독방은 냉난방이 안 되고 창문조차 없었다. 여름에는 방 안 온도가 34도를 넘고 겨울이면 실내인데도 영하로 떨어진다. 교도소에서 받은 뜨거운 물주머니를 껴안은 채 자고 일어나면 나를 빼고 방 안의 모든 것이 다 얼어 있었다. 반대로 여름에는 방 안에 떠둔 물이 따뜻해질 정도로 더워서 숨 쉬기조차 힘들 때가 많았다. 말할 사람이 없으니 목에 거미줄을 치겠다 싶으면 혼자 노래를 불렀고, 재래식 화장실에서 구더기가 기어나오는 것을 보면서 밥을 먹었다. 그리고 수감 생활 중 두 번의 수술을 받았다. 사회주의가 무너지고 내가 추구해온 이념의 문제점을 현실로 확인한 고통, 동료를 보호하겠다던 약속을 지키지 못한 데 대한 심각한 자괴감이 안기부(현재의 국정원)의 고문으로 이미 망가진 몸을 다시 덮쳤다.

살고 싶었다. 펜과 종이도 금지되고 라디오나 TV도 없는 감옥의 시간을 버틸 수 있는 힘은 책이었다. 병과 싸우며 조용히 책만 읽고 있는 내 모습이 안쓰러웠던지 교도소에서는 당시 금서로 지정된 책을 비공식적으로 허용해주기도 했다. 가족과 친구가 넣어준 책으로 모자라 더 이상 읽을 책이 없으면 성경책을 펼쳤고 교도소 도서실을 이용하기도 했다. 감옥살이를 한 사람들이 남기고 간 책이 대부분이었고 뿌옇게 먼지가 얹혀 있는 경우도 많았지만 내게는 생명줄 같았다. 한 가지, 도서실이 남사(남자 수용 시설)에 있었던 탓에 이용하기가 불편했다. 도서실에 가려면 여자 교도관과 남자 교도관 최소 2명 이상이 감시하며 동행하는 것이 규칙이었는데 그 번거로운 일을 교도관들은 얼굴 한 번 찌푸리지 않고 응해주었다. 공익 근무 요원이던 도서관 사서도 "이렇게 책을 읽는 사람은 처음 본다."면서 책 더미 뒤지는 일을 친절히 도와주었다.

전국 곳곳에서 또 외국에서 보내온 응원 편지도 힘이 되었다. 연하장을 받으면 방 안 빨랫줄에 차곡차곡 걸어놓고 1년 내내 보고 또 봤다. 그 먼 길을 마다 않고 찾아오는 가족과 후배들을 염치없이 기다리기도 했다. 그리고 교도소의 모든 종교 행사에 다 참석했다. 사람이 그리웠다. 그 그리움이 내가 버티는 힘이기도 했다. 강릉교도소 여사(여자 수용 시설)의 손바닥만 한 마당에 나무라고는 사철나무 한 그루뿐이었다. 마당 한구석에서 민들레가 꽃을 피우면 봄이 온 줄 알았고 사철나무에 환하게 부서지는 햇살을 느끼면서 여름이 가고 있다는 것을 깨달았다. 몸이 아프거나 잠이 오지 않을 때, 너무 춥거나 너무 더워서 견디기 어려울 때면 기도문을 외듯 그저 살아 나가야 한다고 되뇌었다.

그런데 감옥에서 여섯 해를 보내고 나와 자유의 몸이 되자, 왜 살아야 하는가를 자문하게 되었다. 서른다섯 살, 직장도 대학 졸업장도 경력도 재산도 심지어 운전면허증이나 여권도 없는 여성. 세상에 갑자기 내동댕이쳐진 느낌이었다. 감옥에 있을 때는 나 없이도, 내가 안 해도 세상은 잘 돌아가니까 살아 나가기만 하자 싶었는데, 정작 자유의 몸이 되니 나 없이도 세상은 잘 돌아가는데 살 이유가 있을까 하는 생각이 들었다. 이처럼 낭떠러지 앞에 선 것 같은 느낌에 사로잡힐 때마다 나는 약해진 몸과 다친 영혼 탓이라며 스스로를 나무랐다. 버티다 보면, 더 많은 것을 경험하다 보면 살아야 하는 이유를 찾을 거다, 그때까지는 힘을 내자. 그렇게 견뎠다. 할 만큼 했다, 이제 내가 사는 이유를 찾는 것이 중요하다고.

# 다시 살아갈 수 있는 힘

감옥에서 나온 뒤에는 사회나 정치에 대한 관심보다는 개인적인 삶을 만들어가는 데 집중했다. 20대 이후 15년간 제대로 경험하지 못했거나 스스로 거부한 것을 차근차근 경험했다.

친구가 운전하는 경차를 타고 올림픽대로와 강변로를 드라이브하면서 한강의 야경을 처음으로 편안하게 보았다. 근사한 재즈바나 홍대 클럽 거리를 돌아다녀 보기도 했다. 정말 오랜만에 발레 <백조의 호수>를 보며 울었다. 내가 혼자 그리워하고 상상했던 것 이상으로 아름다웠다. 외국 유명 발레단의 내한 공연을 보기 위해 주머니를 탈탈 터는 것도 아깝게 느껴지지 않았다. 5년 넘게 한 번도 보지 못했던 영화는 좀 더 기다려야 했다. <화려한 휴가>를 보러 갔다가 10분 만에 나왔다. 고문을 당하는 동안 폐쇄공포증이 생겼는데 하필 그 영화의 주제가 그걸 더 자극했다는 것을 나중에 알았다. 그것과는 다른 종류의 영화 <접속>을 볼 수 있게 되면서 밀실 공포는 많이 사라졌지만 여전히 혼자 불 끄고 자는 건 힘들었다. 항상 불을 켜두거나 불을 꺼야 하면 옆 사람 손이라도 잡아야 잠이 들었다. 혼자일 때는 고양이를 안고 잤다. 버려진 새끼고양이를 간신히 살려낸 후 끌어안고 살았다. 내가 그 고양이를 살린 것 같지만 오히려 그 어린 길냥이가 나를 살렸다고 할 수 있다.

19대 국회의원이 될 무렵에야 불을 끄고 혼자 잘 수 있게 되었으니 감옥에서 나온 뒤 15년의 세월이 필요했던 것이다. 한 사람의 영혼이 망가지면 완전한 회복은 불가능하다. 그래서 그 누구도 그런 참혹한 일을 당하면 안 된다. 세월호 참사가 터졌을 때 실제로 내 몸이 아팠던 건 그 일이 나의 아픔을 건드렸기 때문일 것이다. 자식을 잃고 저분들은 어떻게 사나, 지금도 알 수 없다. 그저 가슴 깊이 쉴 새 없이 눈물이 흐를 뿐이다.

왜 생겼는지 모를 고소공포증 역시 심각한 수준이었다. 자유의 몸이 된 후 어린 조카의 손을 잡고 미끄럼틀에 올라갔다가 내려오지 못하면서 고소공포증이 심하다는 것을 알았다. 그 정도 높이에서조차 아래를 내려다보는 게 무서웠다. 그런 상태로 비행기를 타고 외국에 간다는 건 상상조차 힘든 일이어서 고대하던 유럽 배낭

여행은 몇 년을 더 기다려야 했다. 마흔 살이 되어서야 배낭여행을 떠났고, 파리에서 만난 친구가 "파리를 사랑하기에는 너무 늦었다."고 했지만 내겐 아무것도 너무 늦은 것이라고는 없었다. 그냥 할 수 있다는 것만으로 충분했다. 고소공포증에서 자유로워지기 위해 끊임없이 등산에 도전했다. 어릴 적에 아버지가 관악산이나 청계산 등산에 나를 자주 데려가셨으니 산을 오르지 못할 리가 없다며 나 자신을 응원했다. 정신분석 책도 읽고 고문받은 사람들의 기록도 뒤졌다. 정신과 의사인 친구의 도움을 받으며 스스로 치료하기 위해 노력했다.

아무것도 아닌 것처럼 보이는 자전거 타기는 더 오랜 시간이 필요했다. 친구의 권유로 자전거를 다시 타기 시작했을 때 조금 높이가 있거나 물이 내려다보이는 내리막길에서는 자전거에서 내려 걸어야 했다. 고소공포증 때문인지 아래쪽이 보일 때마다 너무 무서웠다. 그래도 버텨야 한다고 치료해야 한다고 생각했고 시간이 가면서 공포가 조금씩 줄어드는 경험을 할 수 있었다. 이처럼 정상인으로 돌아가기 위한 나 혼자만의 끊임없는 싸움이 나를 살게 했다. 지하철 패스카드처럼 적응해야 할 사소한 것들은 무척 많았다. 거의 모든 패밀리 레스토랑에도 다 가보았다. 언제 감옥 생활을 했나 싶게 몸도 마음도 건강해졌다.

IMF의 충격도 스쳐 지나갔다. 뒤늦은 대학 졸업과 결혼, 석사와 박사 학위를 따는 과정은 집중을 필요로 했다. 생활비와 학비를 벌어야 했고 논문을 써야 했다. 하루, 한 시간이 아까웠고 얼른 졸업해서 바로 직업을 구하고 싶었다. 대학교 1학년 때부터 학비를 스스로 벌었고 3학년 때 집에서 독립했다. 사회운동을 할 때도 생활비는 내가 벌어서 살았기 때문에 경제적 무능 상태가 더욱 괴로웠다. 성인이면 성인답게 자신의 경제 문제는 스스로 해결해야 한다는 부모님의 원칙, 가정환경이 풍족하다 해도 미성년일 때뿐이고 그 이후로는 스스로 개척해야 한다는 부모님의 가르침이 몸에 밴 탓에 어떻게든 내 먹거리는 내가 마련해야 한다고 생각했다. 덕분에 늦깎이 대학 생활에 '전교 1등'이라는 웃긴(?) 별명을 얻으며 공부에만 집중했다. 학위를 받는 기간을 최대한 줄여야 했다. 대학 공동연구실에서 밤늦게까지 책과 씨름하는 날이 계속되었다. 그러던 어느 날, 아침에 눈을 떴는데 침대에서 일어날 수가 없었다. 과로 때문에 목 디스크가 생겨 목 아래쪽에 마비가 온 것이었다. 6개월간 치료를 받으면서도 공부를 줄이지 않았다. 무조건 살아야 했고 살 이유를 찾아내야 했다. 돌이켜보면 그때의 7년은 내가 나 자신에게 온전히 집중하면서 망가진 영혼을 치유할 수 있는 힘을 회복한 시기였다. 그런 행운이 주어진 것에 감사한다.

# 87 민주화의 그림자

평범한 시민으로 살겠다 했지만 인권과 존엄은 내 영혼에 새겨진 가치였다. 사회학 연구자로서 내 박사학위 논문의 키워드는 자연스럽게 노동, 비정규직, 사회적 약자가 되었다. 이후로도 끊임없이 스스로에게 질문을 던졌다. 인권과 존엄의 가치에 비추어 부끄러움 없는 연구 활동을 하고 있느냐고.

한국노동연구원에서 일할 때, 단식 중인 기륭전자 노조위원장과 인터뷰를 마치고 돌아오면서 지금 내가 저 사람과 인터뷰를 하고 그걸 책으로 쓰는 게 맞는가 아니면 나 역시 저곳의 한 사람으로서 농성에 참여하는 것이 맞는가를 자문했다. 현대자동차 사내하청 노동자와 만날 때도, 청년 알바 노동자나 인턴을 만날 때도 끊임없이 스스로에게 물었다. 질문은 현재나 미래를 향한 것이었지만 과거의 기억을 자극해 그때의 두려움을 다시 깨우곤 했다. 한번 겪은 공포나 아픔은 몸속 깊이 잠복해 있다가 작은 자극에도 항상 되살아나기 때문이다.

아픈 만큼 성숙해지는 것이 아니라 아픈 만큼 무너지는 것이 사람이다. 당하고 져본 사람은 또 당할까 봐 또 질까 봐 두렵다. 감당할 수 없는 질문이 두려워 아예 눈을 감아버리기도 한다. 그래서 나이가 들수록 보수적이 되는 것이다. 개인적인 차원이었지만 가치에 대한 끊임없는 질문, 나 자신에 대한 냉정한 질문은 나의 보수화를 막았다. 그런데 온갖 질문을 다하면서도 피했던 것이 있다. 시대와 역사에 대한 질문이었다. 할 만큼 했으니 소박하고 평범하게 살자 했던 결심이, 오랜 감옥 생활 끝에 얻은 고질병과 정신적 상처가 개인의 선을 넘어선 시대와 역사에 대한 질문만큼은 막았다. 내가 사는 것이 먼저였기 때문이었다.

그러나 끝끝내 피할 수는 없었다. 굳이 살아야 할 이유는 묻지 않아도 될 만큼 스스로에게 자긍심을 갖기는 했지만 내가 항상 만나는 사회적 약자들이, 어렵고 고통받는 사람들이 나를 다시 사회적 질문 앞에 세웠다. 예를 들면 "1987년 민주화가 비정규직에게 어떤 의미가 있느냐?" 하는 것이었다. 2007년엔 6·10 민주항쟁이 처음으로 공식 기념일로 지정되었다. 그날 나는 민주항쟁 20주년 기념식이 열리는 건물 밖 거리에서 비정규직과 함께 있었다. 이들 역시 1987년 그때 거리에 있었거나 이들의 부모 혹은 형제들이 거리로 나왔을 텐데, 그 민주화라는 게 비정규직에게 도대체 무엇일까. 그것이 이들에게 어떤 역사일까.

> 제가 친구에게 알바를 하는데 너무 힘들어, 라고 말하면 친구는 그러니? 하고 공감하는 대신 나도 힘들어, 라고 말해요. 그러면 더 이상 제 어려움을 토로하기 힘들어요. 우리는 서로 왜 이럴까요?

이 같은 질문도 사실은 시대와 역사에 던지는 질문이다. 더 이상 감내할 수 없는 상황은 공감이나 포용을 불허한다. 스스로에게 그런 여유가 없기 때문이다. 한동안 나도 친구들을 피한 적이 있다. 친구의 모습에서 나의 모습을 보기 때문이다. 친구의 어려운 모습을 보면 나 자신의 상처가 같이 헤집어진다. 온몸과 영혼이 자신의 힘겨움만으로 꽉 찬 사람에게는 타인의 고통이 들어서기 힘들다. 그래서 힘겨운 사람은 시민이기 어렵고, 배고픈 사람은 투표하기 어려우며, 고통받는 사람은 촛불에 공감하기 어렵다. 시민권을 가진 중산층이어야 그나마 타인의 고통을 보듬을 여력이 있다. 어려운 시기, 힘겨운 역사 속에서 생존에 매달려야 하는 사람들은 객관적인 시선을 가지기 어렵다. 나 역시 자긍심을 되찾을 때까지는 시대와 역사를 돌아보기가 힘들었다.

스스로의 고통 때문에 절규하지는 않는다 해도 타인의 고통 때문에 완전히 무너져버리는 것 또한 시대와 역사에 대한 공감을 가로막는 작용을 할 때가 있다. 나는 때때로 도저히 제어할 수 없을 정도로 분노하면 스스로에게 '먼저 화를 내면 설득력이 없다, 왜 화를 내는지 모르는 사람들은 내가 화를 내면 난데없다고 느낀다, 감정을 자제하자'고 타이른다. 가까운 친구는 이런 나를 보고 감정 과잉이라며 놀리기도 했다. 그 친구는 타인의 고통에 쉽게 공감하고 타인이 당하는 부당함에 곧바로 분노하는 게 나쁜 자질은 아니라면서도 문제 해결을 위해서 좀 더 객관적이 되라고 충고했다. 아마 그 즈음일 것이다. 비정규직이나 사회적 약자에 대한 기자들의 질문이나 조언에 시간을 들여 대답하기 시작하고 '친절한 수미 씨'라는 별명으로 불리게 된 것. 나는 그렇게 연구자 개인에서 벗어나기 시작했다.

거의 매일 오전엔 기자들의 질문에 답을 하고 오후가 되어서야 내 일을 시작하는 날이 많아졌다. 당시 기자들이 자주 한 질문 중 하나가 "비정규직 규모에 대한 정부와 노동계의 발표가 왜 항상 300만 명가량 차이가 나느냐, 똑같은 통계 수치를 갖고 하는 건데 차이가 나는 이유가 무엇이냐?" 하는 것이었다. 이는 응답자의 답변과 그의 실제 처지가 다르기 때문이다. 스스로는 정규직이라고 답했지만 사회보험도 없고 최저임금도 제대로 못 받는 사람을 노동계에서는 비정규직이라고 분류한 반면 정부는 본인들이 자발적으로 정규직이라고 답했으니 정규직으로 일단 분류하는 것이다.

그러나 정부 분류상에도 이 같은 정규직 옆에는 사회적 취약계층이라는 별도의 수식어가 붙었다. 정부도 평균적인 정규직과 다르다는 사실을 알기 때문이다.

'파견과 도급(혹은 하청)의 차이'에 대해서도 질문을 많이 받았다. 과거 지주가 소작을 줄 때 중간에 대리인을 끼워 관리시키는 소위 마름(중간관리)의 현대적 재현이 파견과 하청이다. 직접고용이 아닌 간접고용(혹은 제3자 고용), 즉 누군가가 중간에 낀 고용계약이라는 점에서 파견과 하청은 같다. 양자의 차이가 있다면 제3자 혹은 중간관리자의 역할이다. 중간관리자(하청 업체)가 지휘명령을 하면 하청이고 중간관리자가 지휘명령을 하지 않는 대신 본사(원청 업체)에서 지휘명령을 하면 파견이다. 예를 들어 사장의 자가용 운전기사가 해당 기업 사람이 아니고 외부 업체 사람이라고 가정하자. 이때 사장이 직접 지시를 하면 파견이고 사장이 업체를 통해 지시를 하면, 즉 중간관리자에게 관리를 맡기면 하청이다. 그런데 운전 중인 기사에게 업체를 통해 지시를 한다는 건 말이 안 된다. 이처럼 사장이 지시를 하는데도 본사가 운전기사를 파견이 아니라 하청으로 계약했으면 불법 파견이 된다.

예전에는 고용주가 곧 사용주였다. 기업은 반드시 직접고용을 해야 했다. 고용 책임도 져야 한다. 그러다 고용 책임 없이 오직 사용만 하겠다는 이윤 추구 욕망이 더 커져 파견과 도급, 그중에서도 불법 파견 형식의 도급이 늘어났다. 고용 책임이 없으니 산재가 나도 임금 체불이 발생해도 사용자는 그 책임을 피할 수 있다. 임금 정책을 고민하거나 임금계약을 할 이유가 없다. 사업계약을 한 중간관리 업체에게 도급비를 주고 알아서 하라고 하면 된다. 굳이 복잡한 절차를 밟고 위로금 주면서 해고할 필요도 없다. 하청 업체와의 계약을 해지하면 자연스럽게 해당 노동자의 해고가 가능하기 때문이다. 아웃소싱이라는 전문용어로 포장을 해도 그것은 하청이며 그렇게 계약한 하청 중 대부분이 불법이다.

하청 상태에서는 아무리 열심히 일해도 노동자의 소득은 줄어들고 기업의 이익은 늘어난다. 인건비가 줄어드는 만큼, 직접고용을 하지 않는 만큼 기업은 돈을 쌓아간다. 기업 경쟁력이라는 그럴듯한 말로 아웃소싱이라는 대세가 만들어졌다. 파견과 도급이 대세가 된 이 시대, 이 역사는 87년 민주화와 어떤 연관이 있는가. 그 많은 사람이 정녕 이러려고 민주화에 나섰던 건가.

87년 민주화의 산물이라는 민주 정부 10년 동안에도 민영화나 민간 위탁이라는 이름으로 아웃소싱과 구조 조정은 활발하게 이루어졌다. 공무원 혹은 정규직은 철밥통에 경쟁력이라고는 없는 돈 먹는 하마로 비난받았다. 정부의 무능함과 기업의 유능함을 대비시키며, 공공 부문 선진화가 필요하다고 한 건 민주 정부 10년도 자유롭지 않다. 기대와 희망은 사라지고 약속은 지켜지지 않았다. 당시의 '유연안정성' 모델은 사실상 해고의 자유, 비정규직화를 뜻하는 유연성(안정성은 사라진) 모델이었다. 불법 파견이면 정규직으로 전환시켜야 하고, 국민의 생명과 안전을 위한 업무라면 최소한 공공 부문만이라도 아웃소싱은 하지 말아야 한다는 의견은 받아들여지지 않았다. KTX 여승무원도, 인천공항공사의 아웃소싱도, 병원이나 학교 혹은 지자체의 민간 위탁도 멈춰지지 않았다.

87년 이후를 만들어낸 것도 민주화 세대이지만 2000년대 이후 아웃소싱을 함께 만든 것도 민주화 세대이다. 이 같은 깨달음 앞에 선 순간 평범한 시민으로 살자던 결심이 흔들렸다. 할 만큼 하지 못했으며 충분히 하지 않았으며 해야 할 것이 더 있었다. 세상은 나 없이도 잘 돌아갈지 모르지만 나 자신은 세상을 제치고 잘 살기 어려웠다. 내가 살고 싶은 세상, 내가 사랑하는 사람들이 잘 살 수 있는 세상을 만들고 싶었다.

# 헌법에서 노동삼권을 빼라니

이명박 정부가 들어섰고, 예상했던 대로 나는 신문 고정 칼럼도 끊기고 기본적인 연구조차 하기 힘든 상황에 놓였다. 내가 근무하던 한국노동연구원은 정부와 보수 언론으로부터 '좌파 해방구'로 낙인찍혀 청산 대상 1호로 꼽혔다. 가장 문제가 된 건 내가 1년 6개월가량 쓰고 있던 경향신문 칼럼이었다. 노무현 정부 때만 해도 정부 출연 기관의 연구원이 정부 정책과 다른 칼럼을 쓰는 게 큰 문제가 되지 않았다. 드물게 "표현을 조금 바꿔줄 수 있나요?"라는 정중한 부탁을 받은 적은 있지만 무시해도 괜찮았다. 하지만 이명박 정부가 들어서자 아예 칼럼을 중단하라는 압력이 들어왔다. 연구원장이 직접 불러서 계속 고집하면 나뿐만 아니라 동료들에게 그리고 조직에 불이익이 있을 것이라고 으름장을 놓았다.

이런 상황이 올 것을 몸이 먼저 알았던 것 같다. 이명박 대통령 당선이 확실시되던 날 살갗 바로 밑에서 한동안 잠잠하던 두려움이 소스라치듯 일어섰다. 약 한 달간 무력감에 빠져 앓았다. 급기야는 누군가 나를 감시한다는 의혹에 사로잡혔다. 결국 정신과 의사인 친구에게 전화했다. "수미야, 너 같은 고통을 견뎌낸 사람이 이런 반응을 하지 않는다면 이상하지. 게다가 넌 스스로 이상하다고 생각하고 나한테 전화를 하잖아. 넌 지극히 정상이야. 괜찮아, 네 책임이 아니야." 하고 말해주던 친구에게 감사한다. 나처럼 몸과 마음이 아픈 사람들에게 내가 들었던 그 말을 들려주고 싶다.

당신은 지극히 정상이며, 당신 책임이 아닙니다.

신문에 연재하던 칼럼을 그만두었는데도 이명박 정부의 압력은 그치지 않았을뿐더러 더욱 끈질기고 집요해졌다. 이명박 정부는 연구원에 용역을 주지 않는 것으로 괴롭혔다. 당연히 모든 연구자의 급여가 깎였다. 정부는 입소문으로 블랙리스트를 유포했고 누구누구만 그만두면 용역 발주를 할 거라는 말이 떠돌았다. 구조 조정도 시작했다. 해고 1순위로 꼽히던 나는 늘 사표를 지니고 다녔다. 대표적인 뉴라이트계 인사이자 이명박 정부 라인이던 당시 원장은 취임 직후부터 연구자들을 옥죄었다. 원장은 2009년 9월 국회에서 OECD 국가 대부분이 노동삼권을 명시하고 있지 않다며 "헌법에서 노동삼권을 빼야 한다."는 발언을 해 논란을 일으키기도 했다. OECD 국가 대부분이 헌법상 노동삼권을 보장하고 있다는 사실을 원장에게 알렸지만 막무가내였다. 이데올로기 앞에서는 헌법도 객관적 사실도 중요하지 않은 것이다.

그 원장은 노동삼권을 부정하는 발언만 한 것이 아니라 실제로 노동삼권을 박탈하려 했다. 그는 노동연구원 노조와 맺은 단체협약을 일방적으로 해지하고 저성과자 해고제를 도입했다. 소위 삼진아웃으로 불린 성과연봉제는 연구자의 실적을 S, A, B, C, D로 나누어 연속 3회 이상 최하위 등급을 받으면 해고시킨다는 것이었다. 물론 노조의 동의는 받지 않았다. 이명박의 뒤를 이어 박근혜 정부가 대대적으로 시행하려는 쉬운 해고가 이때 이미 도입된 것이다. 국민에게 더 나은 서비스를 제공하기 위해 고민하던 공공기관 종사자들은 성과연봉제 및 저성과자 해고제를 도저히 받아들일 수 없었다.

일반 연구원에서도 얼마짜리 용역을 몇 개 따느냐가 평가의 최우선 기준이 되면 연구의 질이 떨어지기 십상이다. 하물며 국민의 노동권을 연구하는 정부 산하 유일한 연구원이 그런 압박을 받는다면 오로지 정부 시각에 맞는 연구, 기업의 입맛에 맞는 연구를 하게 될 수밖에 없다. 이를 거부하면 최하등급을 받고 해고의 위협에 직면하게 된다. 이런 일이 반복되면서 연구원 전체의 정체성이 흔들렸다. 항상 S등급을 받던 동료 한 명은 극심한 스트레스로 급성간염에 걸려 사망하기도 했다. 이와 같은 상황이 공공 부문 전체로 확대되면 정부와 국가의 질이 떨어진다. 정부는 무능해지고 기업은 유능해진다. 이윤 경쟁에서 공공 부문이 어떻게 민간 기업을 이기겠으며 공공성이 어떻게 존재할 수 있겠는가.

노동연구원 노조가 저항하자 원장은 파업을 유도했고 노조의 파업 결의를 기다렸다는 듯 직장 폐쇄를 단행하고 조합원 전원을 고소 고발했다. 결국 이것이 사회적 문제가 되어 원장은 물러났으나 그 후유증은 무척 컸다. 연구원에서 행해진 반노조 정책이 이후 공공 부문만이 아니라 민간 부문에서도 노조 파괴 모델로 확산되었기 때문이다. 또한 연구자 상호 간의 불신도 커져 협력 연구가 어려워졌다. "은수미의 입장에는 반대하지만 그의 의견이 정부 견해와 다르다고 해서 해고 등의 불이익을 주어서는 안 된다."고 발언했던 동료는 자신의 오랜 친구들을 잃었다. 연구자들을 원장 편과 반대편, 친정부와 반정부로 가르는 정부의 시선이 사적인 관계까지 무너뜨린 것이다.

되돌아보면 이것이 평범한 시민으로 살겠다던 결심을 뒤흔든 두 번째 계기였다. 수없이 많은 정책 제안을 보고서에 담았지만 단 하나도 채택되지 않은 무력감, 연속적으로 D등급을 받아 생긴 자괴감, 나 때문에 피해를 받는 동료 연구원과 조직에 대한 미안함,

정부 출연 연구 기관에서 정책 연구를 계속할 수 있을까 하는 회의, 이 모든 것이 연구가 아닌 정치라는 전혀 다른 선택을 하도록 만든 이유들이었다.

내가 자발적으로 정치를 하겠다는 생각을 해본 적은 전혀 없었다. 연구자들 중에는 차기 대선 후보 캠프에서 일을 도우며 정치의 꿈을 키우는 사람도 있었지만 나는 나머지 삶을 죽 연구자로 살고자 했다. 글쓰기나 강의를 좋아하는 개인적 취향에 사적인 시간과 공간을 필요로 하는 성격, 그래서 SNS조차 하지 않던 나의 성향은 24시간을 어항 속의 금붕어처럼 살아야 하는 정치인의 삶과는 거리가 멀었다. 게다가 나 역시 어느 정도는 정치 불신이나 정치 혐오를 갖고 있었다. 하지만 비례대표 국회의원을 할 생각이 없느냐는 난데없는 제안을 받아들이고 말았다.

처음에는 4년간 정치를 한 후 연구자로 돌아오면 될 거라고 쉽게 생각했다. 사실 세월호 참사를 겪지 않았더라면, 그로 인해 죽고 싶을 정도의 극심한 무력감에 빠지지 않았더라면 재선에 도전하는 일 같은 건 생각조차 하지 않았을 것이다. 그러나 한 개인으로서 인권과 존엄의 가치를 묻는 것을 넘어 시대와 역사 앞에 스스로를 세우려 했던 그간의 변화가 내 삶을 바꾸었다. 헌법에서 노동삼권을 삭제하라는 이데올로기에 저항해, 헌법에 보장된 인권과 존엄을 현실의 규칙으로 만드는 일에 내 삶을 걸었다. 만약 내게 아이가 있었거나 결혼 생활을 지속하고 있었다면 여전히 연구자로 남았을지도 모른다. 하지만 2012년 3월 나는 혼자였다.

비례후보 3번으로 언론에 알려지자 연구원 경영진이 불렀다. 사직서를 제출해달라는 것이다. 연구원 규정상 반드시 사직할 필요는 없다. 그래서 외부 직을 맡은 사람들은 대개 휴직을 했다. 다른 연구원들의 규정도 확인해보니 휴직이 대부분이었다. 그러나 나는 이미 사직하기로 마음먹은 상태였다. 그전부터 교수나 연구자가 외부의 직을 맡으며 휴직을 하는 게 올바르지 않다고 생각했기 때문이었다. 다시 돌아와서 시간강사를 하거나 비정규직으로 일하게 되더라도 지금은 사직하는 것이 옳다는 게 소신이었다. 하지만 연구원의 요구는 너무 일렀다. 아직 총선도 치르지 않은 상황이다. 비례후보 3번이니 당선이 확실시된다 하더라도, 총선은 끝난 다음에 사직서를 내라고 하는 게 최소한의 예의가 아닐까. 이런 생각이 들기도 했지만 군말 없이 바로 사직서를 제출했고 빛의 속도로 처리되었다.

사직서가 처리된 다음 동료들과의 조촐한 환송식이 있었다. 사실 대부분의 동료는 내가 사직서를 낸 것조차 몰랐다. 그 환송식마저 없었다면 인사도 제대로 못하고 7년간의 직장 생활을 접을 뻔했다. 잠깐이었지만 쫓겨난 건가 하는 생각이 들기도 했다. 휴대전화 문자로 해고되는 현실에서 그나마 얼굴 보고 사직서 내라는 말을 들었고 이미 다음 일도 결정된 상황이었으니, 쫓겨났다고 생각하는 건 그야말로 배부른 자의 투정일 것이다. 그래도 이 경험

탓인지 문자로 해고되는 사람들, 정규직도 예외는 아니지만, 조용히 자기 물건 챙겨서 그림자처럼 사라져야 하는 파견직이나 하청 노동자들에게 직장이란 무엇일지, 삶이란 무엇일지 자꾸 물어보게 된다.

# 희망의 주문을 왼다

서른다섯 살, 자유의 몸이 되었을 때 할 만큼 했다고 생각했다. 하지만 15년이 흘러 쉰 살, 직장을 나와 국회의원이 되었을 때 할 만큼 다하지 못했다는 것을 뒤늦게 깨달았다. 사람을 위해, 시민을 위해, 인권과 존엄과 사랑과 명예를 위해 더해야 한다. 무엇보다 우리 앞을 가로막는 벽을 부수고 길을 낸 후 그 길로 우리 다음 세대 또 그다음 세대가 희망과 열정을 가지고 걸어가는 모습을 보아야 한다. 그것이 우리 세대의 운명이어야 하는 것이다. 지천명의 나이에 그것을 깨달은 것은 행운이다.

사람들은 간혹 내게 묻는다. 정말 힘들 때는 어떻게 버티느냐고. 나는 사람마다 각자 마법의 주문이 있다고 생각한다. 내 주문은 '덤으로 사는 인생'이다. 견디기 어려워 무릎이 꺾이면 혼자 주문을 왼다. 서른다섯 살에 감옥에서 살아 나오면서 덤으로 사는 인생, 살아 있다는 사실만으로도 감사해야 한다고 말했던 사실을 떠올린다. 태양만 뜨면 살 수 있는데 그 태양을 볼 수 있으니 감사해야지, 마법의 주문을 왼다. 내게는 거리에서 감옥에서 죽어간 동료에 대한 기억이 있다. 경찰서나 국정원에서 성폭력을 당한 친구가 있다. 내가 바로 그 사람일 수 있었는데 이렇게 살아남아 연구자가 되고 국회의원이 되었다. 나는 행운의 별에서 태어났구나, 그렇게 생각하면서 다시 힘을 낸다.

간혹 욕심이 생길 때도 있다. 은수미라는 이름이, 은수미가 보내는 응원이 가끔은 누군가에게 힘이 되었으면 하는 욕심이다. 누군가의 마법의 주문을 내가 만들어줄 수 있으면, 세상 사람에게 필요한 마법의 주문을 만들 수 있기를 욕망한다. 『오즈의 마법사』에 나오는 착한 마녀 글린다처럼 누군가의 희망을 들어주고 싶다. 그 희망을 현실로 만들고 싶다. 욕심이 커지는 만큼 무력감이 깊어져 참기 어려울 때 나의 주문을 떠올린다.


서른다섯 살, 그때 너는 살아 나가는 것만으로도 감사했다.
네가 아무것도 못할 수도 있지만 도전하고 걸어갈 수 있는
그 과정, 그 시간만으로도 감사해야 한다.

이러면 다시 힘이 나서 사람들을 응원하게 된다. 응원 끝에 내가 꼭 덧붙이는 말이 있다. 여러분이 혹 너무 힘들어서 주저앉을 때도 버티고 견디며 저항하고 승리하려는 사람들이 있다. 나도 그런 사람 중의 하나이다. 여러분은 그 사람들을 믿고 잠시 쉬면 된다. 그 사람들이 시간을 벌어주고 벽을 넘고 길을 열 것이다. 그 사람들이 지칠 때 여러분이 다시 일어나 힘이 되어주면 된다. 그러니 포기하지 말고 끈질기게 살자. 아직 삶은 끝나지 않았다. 인생도 승부도 끝나지 않았다. 살 만한 세상을 만들기 위해 온 힘을 다할 터이니 제발 살아달라. 이유 없이라도 살아달라. 당신의 삶은 너무 소중하다. 그리고 살아갈 힘이 생겼을 때 당신만큼 지친 사람에게 그렇게 격려해달라. 그렇게 서로 껴안고 살아가자.

# 6장

# 정치야,
# 뭐하니

국회의원으로서 할 수 있는 게
그것밖에 없나요, 세비가 아까워요.

필리버스터 때 어땠어요?
그 일은 당신에게 무엇이었나요?

19대 국회 내내 국회의원에게 주는 세비가 아깝다는 꾸지람을 들었다. 세월호 참사로 기억되는 2014년, SNS에 후원금 안내문을 올리자 세비도 아까운데 후원금이라니, 철면피하다는 댓글이 달리기도 했다. 나는 스스로의 의정 활동에 점수를 매긴다면 50점도 안 된다고 평가했었다. 이런 나에게 "그래도 시민의 노동권 회복을 위해서 노력했다."며 위로의 말을 해주는 사람도 있다.

그러나 정치인은 연구자와 다르다. 제대로 된 정책을 만드는 것이 연구자의 역할이라면 정치가는 그 정책에 대한 국민의 관심과 호응을 불러일으키고 법률안으로 만들어 통과시키거나 정부 정책으로라도 반영시켜야 한다. 정치인은 또한 사회운동가와도 다르다. 사회운동은 옳은 것을 주장하는 것만으로 그 역할이 충분한 경우가 있다. 비판과 논평만으로도 중요한 견제 역할을 한다. 하지만 정치인은 옳은 것을 주장할 뿐만 아니라 관철시켜야 한다. 그렇게 정치는 국민이 이기도록 정의로운 길을 가야 한다.

# 정의로운 길

정치가 가야 할 '정의로운 길'이 무엇인가를 질문하게 만든 건 쌍용차 해고 노동자들이었다. 19대 국회가 개원하기 전인 2012년 5월 26일 민주노총의 지인으로부터 연락이 왔다. "쌍용차 김정우 지부장이 긴급 체포되었는데 석방되도록 도와달라."는 것이었다. 국회의원이 아닌 당선자 신분이고 보좌진조차 제대로 꾸려지기 전이었다. 하지만 이것저것 따질 때가 아니어서 무조건 택시를 탔다. 남대문경찰서 강력계 형사실, 그곳에서 쌍용차 해고 노동자인 김정우 지부장을 처음 만났다.

평범한 옷차림의 여성이 혼자 걸어 들어와 경찰서장과의 면담을 요구하자 어리둥절한 표정들이었다. 곧 국회의원이겠지만 아직은 '듣보잡'이었으니, 어쨌든 그곳에서 1시간여를 기다렸다. "누구래?" "민주당 의원이라는데 혼자 왔네."라며 수군거리는 형사들의 시선에는 의혹이 가득했다. 보좌관이 도착하고 민주당대표 비서실장이 와서야 서장과의 면담과 김정우 지부장의 훈방이 가능했다. 그날 대한문 앞 쌍용차 농성장을 함께 방문했고, 그렇게 연구자가 아닌 국회의원으로서 쌍용차 노동자들과의 인연이 시작되었다.

쌍용자동차 부당 해고는 2009년 노조의 저항에도 불구하고 2,646명이 해고되면서 사회적 문제로 부각되었다. 600여 명의 경찰과 300여 명의 용역에 둘러싸여 식수와 음식물, 의약품의 반입마저 차단된 채 노동자들은 2009년 8월 6일, 노사 합의문에 서명을 할 수밖에 없었다. 하지만 "22번째 자살자까지 아무도 유서가 없다. 자살한 한 노동자의 휴대전화에서는 모든 이름과 전화번호가 지워지고 '어, 머, 니' 세 글자와 어머니의 전화번호만 남아 있었다."[1]는 기록이 보여주듯 강요에 의한 합의는 엄청난 희생을 불러왔다. 기술 탈취, 기획 부도, 부당 해고의 진상을 규명하라는 요구와 함께 사람들의 저항은 종종 자살로 표출되었다.

2012년 19대 국회 개원과 더불어 쌍용자동차 문제 해결을 위한 의원 모임을 만들고 쌍용차 국민 대토론회, 쌍용차 청문회를 진

---

1 공지영, 『의자놀이』, 휴머니스트(2012)

행하는 등 동분서주했다. 잔인한 야만의 시대, 더 이상 절망의 나락으로 떨어지지 않게 막아줄 아주 작은 희망의 싹이라도 간절했다. 무엇보다 죽음의 행렬만은 막아야 했다. 청문회로는 부족하다고 판단해 다른 야당 의원들과 함께 국정조사를 요구했다. 대선을 앞둔 시기였기에 새누리당마저 호응하는 듯한 시늉을 했다. 하지만 대선이 끝나자 상황이 바뀌었다. 국정조사에 긍정적이던 새누리당이 돌변했다. 표면상 이유는 3년째 미뤄졌던 무급 휴직자 455명의 회사 복귀가 결정되었으니 좀 더 지켜보자는 것이었다.

내가 소속된 민주당 의원총회에서도 2013년 2월 임시국회 개최와 쌍용차 국정조사를 연동시키는 것은 불가하다는 의견이 지배적이었다. 이제 막 출범한 박근혜 정부의 발목을 잡기부터 한다는 비난을 감수하기 어렵다는 것이었다. 쌍용차 해고자 복직에 주력하다가 쌍용차 직원 수만 명의 표를 놓쳐서 대선에서 졌다거나 회사 측과는 안 만나고 노조 측에만 귀를 기울인 건 형평성에 문제가 있다는 시비까지 일었다. 회사 측이 오히려 만남을 거절했다거나 쌍용차 국정조사는 대선 때 약속이니 지켜야 한다는 주장만으로 반전될 분위기가 아니었다. 결국 2월 임시국회 개최의 조건으로 제시하는 대신 국회가 참여하는 노사정협의체라도 만들자고 호소하며 뒤로 물러섰다. 그 과정에서 도대체 무엇이 정의로운 길인지 스스로에게 묻고 또 물었다.

비슷한 일은 현대자동차 비정규직 문제에서도 반복되었다.

2012년 10월 사내하청이라 불리는 현대자동차 비정규직 노동자들이 고공 농성을 시작했다. 그런데 10여 년째 불법 파견을 해온 현대차 정몽구 회장은 어떤 책임도 지지 않은 반면 불법 파견 노동자를 정규직으로 전환하라며 파업한 비정규직 191명은 벌금형에 처해졌다. 이런 현실을 참을 수 없었던 해고 노동자 최병승, 천의봉 씨는 고공에 올라 세상을 향해 소리쳤다. 당시 최병승 씨는 오랜 소송 끝에 승소해 정규직으로 전환되었지만 최병승 개인의 문제가 아니라며 회사 복귀를 거부한 채 철탑에서 농성을 했다. 이들은 매일 30만 원씩의 손해배상 청구까지 당하면서 296일간 고공 농성을 벌였지만 현대자동차로부터 변변한 답변은 듣지 못했다.

쌍용차 한상균 전 지부장, 문기주, 복기성 씨 등 해고자 3명도 그해 11월 고공 농성에 돌입했다. 쌍용차 파업으로 3년간 구속되었다가 만기 출소한 한상균 전 지부장은 자유의 몸이 된 지 몇 개월 지나지 않아 다시 송전탑에 몸을 묶은 것이다. 그리고 2016년 한상균 씨는 또다시 3년형을 받았다. 백남기 농민이 경찰의 물대포에 쓰러진 2015년 민중궐기대회를 주도했다는 이유에서였다. 사람을 죽인 가해자는 멀쩡한데 피해자만 계속 구속되었다.

물론 정치가 늘 무력했던 것만은 아니다. 국회 개회 중이던 2012년 7월 27일, 자동차 부품업체인 SJM 경영진은 일방적인 직장 폐쇄와 더불어 방패와 곤봉으로 중무장한 300여 명의 용역을 회사 안으로 투입했다. 컨텍터스라는 용역 업체가 새벽에 벌인 폭력 사태로 인해 회사 벽 곳곳에는 팬 흔적이 남았고 노동자들은 심각한 부상을 입고 병원에 실려갔다. 컨텍터스는 국회를 조롱하는 일마저 서슴지 않았다. "은수미 의원과 일부 야당 의원들은 자꾸 국회 정론관으로 노조 형아들을 끌어들이지 말라, 그것은 국민에 대한 불륜이다."라는 성명서를 게재하는 등 국회의원들을 협박했다. 그러나 도를 넘은 이들의 행위는 국민의 공분을 샀고 컨텍터스와 같은 업체를 방지하기 위한 경비업법이 개정되고 노사 합의가 이루어지면서 해결의 가닥이 잡혀갔다.

SJM의 컨텍터스 폭력 사태에 뒤이어 불거진 창조컨설팅이라는 업체의 노조 파괴 행위도 부분적으로나마 해결할 수 있었다. '노조 파괴 전문 창조컨설팅, 7년간 14개 노조 깼다'는 기사와 함께 공개된 자료 속에는 창조컨설팅이 기업에게 '노조 파괴 상품'을 판매한 그간의 기록이 빼곡했다. 회사의 주도 아래 제2노조를 만들고 기존 노조의 파업을 유도한 후 직장 폐쇄를 단행하며 곧바로 용역을 투입한다는 프로그램이 그 상품의 내용이다. 용역 폭력 청문회를 개최했지만 그것만으로는 문제 해결이 어려워 국정감사로 이어졌다. 창조컨설팅과 해당 노무사들은 위법 혐의로 조사를 받고 자격이 정지되었다. 그러나 노조 파괴로 피해를 본 유성기업 노동자들이 2017년 현재까지 현대자동차 양재 사옥 앞에서 농성을 하고 있는 것에서 알 수 있듯이 노동권 유린은 현재진행형이다. 2017년 2월 17일 노조 파괴 혐의로 유성기업 유시영 회장이 법정

구속되었지만 이것을 기획한 혐의가 있는 현대자동차 경영진은 여전히 건재하다. 그러니 정치가 해야 할 일, 할 수 있는 일을 질문할 수밖에 없다.

# 어떤 정치인으로 살까

정치인은 세 부류가 있다고 한다. 첫째는 기술자, 둘째는 평론가, 세 번째는 소명으로서의 정치를 하는 사람.

정치 기술자는 정치의 본질을 타협과 조율로 본다. 정치적 의제이든 입법적 사안이든 지역에서 표를 모아 당선이 되는 것이 우선이며 그 핵심은 타협과 조율이다. JTBC 뉴스에서 처음 태블릿 PC에 대한 보도를 하고 제1차 촛불 집회가 이뤄진 직후였다. 성남 중원 지역위원회 이름으로 박근혜 퇴진 성명을 준비하면서 왜 당 차원에서 퇴진 요구를 표명하지 않는지 궁금했다. 당 내에서는 "아직 이르다. 정치에는 정국 조율을 해야 하는 역할이 있다."는 의견이 지배적이었다. 나는 그러면 왜 정치가 있는 건가 하는 의문이

들었다.

불의에 저항하는 건 국민 몫이고 정치는 이를 지켜보다가 '적절한' 처신을 하는 것이라면 국민은 왜 투표를 해서 자신의 대변자를 뽑는 걸까. 이런 위기를 예방하거나 잘못을 고치라고 있는 게 정치일 텐데, 이런 식이라면 사실상 숨는 게 아닌가. 내가 이런 불만을 토로하자, "광장의 정치와 제도 정치는 다르다, 당신은 정치인보다는 사회운동가에 걸맞다."라는 대답이 돌아왔다. 비단 박근혜 최순실 국정 농단 사건뿐 아니라 세월호 때도 필리버스터 때도 정국의 추이를 살피고 여론의 흐름을 읽다가 적절한 타이밍을 잡아 나서는 것이 정치라는 의견이 대세였다. 오랫동안 그렇게 해왔기 때문에 박근혜와 최순실 그리고 1퍼센트 재벌 대기업이 국정 농단을 하고 있는 동안 정치는 타협과 조율의 노하우에만 주목했는지도 모른다.

두 번째로 정치 평론가는 자신이 옳다고 이야기하는 것으로 충분한, 즉 신념윤리[1]에 충실한 정치인이다. 평론가를 폄하하려는 것은 아니며, 좋은 평론가는 꼭 필요하다. 다만 국회의원은 평론가여서는 안 된다는 것이다. 신념윤리에 입각해 가치관과 소신을 피

---

1 신념윤리와 책임윤리: 막스 베버에 따르면 신념윤리는 정치가가 스스로 가지는 내면적 신념, 곧 가치 그 자체라고 할 수 있다. 이와 달리 책임윤리는 그러한 신념을 현실 속에서 이행해야 할 책무를 가리킨다. 베버는 정치가의 소명은 자신의 가치와 신념에 충실하되, 현실을 그대로 인지하는 사실적 접근을 통해 긍정적인 결과물을 만들어내는 것이라고 했다.

력하는 것만으로는 온전한 정치인이 될 수 없다. 그것을 관철시키는 힘이 있어야 한다.

마지막으로 소명을 가진 정치인은 신념윤리와 책임윤리가 결합된 정치인이다. 국회의원 정원의 10퍼센트, 즉 30명 정도만 소명으로서의 정치를 한다면 우리 정치는 정의로운 길을 갈 수 있을 것이다. 양심과 정의에 기초해 자신에게는 불리할지라도 국민을 위해 결정을 내리고 그것을 관철시킬 수만 있다면.

하지만 현실에서는 이 세 가지 분류 어딘가에서 좌충우돌하는 정치인은 있을지라도 소명으로서의 정치를 하는 사람은 극히 드문 것 같다. 최소한 내가 속했던 19대 국회의 모습은 그러했다.

그렇다면 나는 어떤 정치인가. 19대 국회에서 나는 평론가였다. 간혹은 정치 기술자로서 처신하기도 했고. 대개는 소명으로서의 정치를 하는 사람이 되고자 노력했지만 4년 내내 평론가의 범주를 벗어나지 못했다. 의원이 된 첫 해인 2012년, 대선에서 이기면 정의로운 길을 향한 문이 열릴 수 있을 거라고 믿었다. 그 믿음이 2012년 내내 밤낮없이 나를 움직이게 한 힘이다. 현장을 방문하고 국정감사를 하고 청문회에 들어가는 동시에 우리 당의 대선 후보를 알리고 단 한 명의 표라도 더 얻기 위한 일에 매달렸다. 갑작스럽게 세종문화회관 앞에서 박영선, 신경민 의원과 함께 반성문을 발표하기도 했다. "국민 여러분은 하나 되라 했는데 우리는 열이 되고 스물이 되었습니다. 국민 여러분은 옆에 서라 했는데 우리는 앞에 서려 했습니다. 진심으로 죄송합니다. 우리의 변화를 우리 스스로부터 시작하겠습니다."라고 외치며 그것이 시민들의 정치 불신을 녹이고 투표 참여를 높일 수 있기를 진심으로 바랐다. 국회의원이 된 지 6개월 남짓이어서 왜 야당을 불신하고 왜 야당을 혁신해야 하는지 아직은 정확하게 깨닫지 못한 때였다. 하지만 6개월이든 1개월이든 간에 정치에 대한 불신, 당에 대한 불신에 대해서는 나도 똑같이 책임을 져야 한다고 믿었다.

하지만 2012년 12월 19일, 대선 패배로 갑자기 희망이 사라졌다. 그날 밤 9시 30분쯤 TV를 끈 뒤 휴대전화의 전원도 꺼버리고 잠을 청했다. 이건 꿈이야 현실이 아니야, 이렇게 중얼거리며 잠 속으로 빠져들었다. 정확히 말하면 도망쳤다. 그러고 나서 아침에 눈을 뜬 후 맨 처음 맞닥뜨린 소식이 노동자의 자살이었다. 한진중공업 최강서 씨가 5살, 7살 두 아이를 두고 자살했다. 158억에 달하는 회사의 손해배상청구도 버텼는데, 1년 동안 기다린 복직이 4시간 만에 강제 휴직으로 바뀐 것도 버텼는데 대선 패배는 그의 모든 희망을 껐다. "내가 못 가진 것이 한이 된다, 민주노조 사수하라, 돈이 전부인 세상에서 없어서 더 힘들다."는 유서를 써야 했던 그의 절망이 나를 깨웠다. 더 이상의 죽음은 안 된다. 쌍용차 노동자들은 괜찮을까. 그다음 날 현대중공업 사내하청 노동자 이운남 씨가 19층 아파트 베란다에서 몸을 던졌고 서울 민권연대 활동가 최경남 씨 역시 자살을 했다. 크리스마스에는 이호일 외대 노조위원장이 목을 맸다. 대선 직후 연이어 네 명이 자살을 한 것이다.

'절망이 죽음에 이르는 병'이라는 것을 압니다.
하지만 절망을 안겨준 민주당을 바꾸겠습니다.
다시 서겠습니다. 무릎 꿇고 빕니다. 죽음을 멈추어주십시오.
여러분이 살아야 저도 삽니다. 살아 있으라!
그것이 우리가 우리에게 보내는 SOS입니다.

나는 간절한 마음으로 이렇게 호소했다. 동료 의원들과 함께
기자회견도 했다. 박근혜 대통령 당선자에게 부디 노동 인권 유린
을 멈춰달라고 부탁도 했다. 그렇게 장례식장에 다니고 노동자들
을 만나느라 대선 패배의 슬픔에 빠져 있을 겨를이 없었다. 정호승
의 시 <폭풍>을 떠올렸다.

폭풍이 지나가기를
기다리는 일은 옳지 않다

폭풍을 두려워하며
폭풍을 바라보는 일은 더욱 옳지 않다

스스로 폭풍이 되어
머리를 풀고 하늘을 뒤흔드는
저 한 그루 나무를 보라 (이하 생략)

폭풍 속에서 싸우는 나무 곁에 있어야 한다며 스스로를 다그쳤다. 정치가 먼저 후퇴하거나 몸을 사리거나 계산하고 있으면 안 된다. 함께 후퇴는 할지언정 내가 먼저 피해서는 안 된다. 용기를 가지고 함께하는 마음은 국민이 알게 마련이니 지금의 패배가 일보 전진을 위한 이보 후퇴가 될 수 있다. 대선 패배가 정치의 몰락으로 이어지게 해서는 안 된다는 생각에 겨우 일어섰다. 그럼에도 나는 국회의원으로 있던 내내 평론가 정치인을 넘어서지는 못했다. 왜일까.

# 세월호 참사와 정치

내가 들었던 "당신은 정치에 맞지 않는다, 연구자 혹은 사회운동에나 적합하다."는 이야기는 결코 흘려들을 수 있는 게 아니었다. 심지어 나 스스로도 비슷한 생각을 할 때가 있다. 때로는 무력감과 자괴감 때문에 의원직 사퇴를 떠올린 적도 있었다. 2016년에 시작한 20대 초선 의원 중 일부도 불쑥불쑥 의원직을 그만두고 싶을 때가 있다고 하니 내가 아주 예외적인 경우는 아닌 것 같다. 이런 무력감에 비례해 '나는 어떤 정치인인가' 하는 질문도 점점 커졌다. 그러나 세월호 참사는 모든 질문을 중단시켰다. 힘들다, 어렵다는 생각 자체가 어리광처럼 느껴졌다.

세월호 참사가 나던 날 아침, 나는 노동자들을 죽이는 손해배상 폐해를 없애기 위해 전문가들과 함께 '노란봉투법' 준비 모임을 막 시작하고 있었다. 그 후 약 8개월간 매주 1회 어김없이 이루어진 간담회가 4·16 바로 그때부터였던 것이다. 내가 사람을 살리겠다고 모임을 시작한 그 시각 아이들이 죽어가고 있었다. 세월호 참사 후 22일째 되던 날 어느 행사에서 내빈 자격으로 축사를 하게 되었을 때 나는 이렇게 고백했다.

> 만약 우리가 소중한 아이들을 20대가 되기 전에 잃는다면,
> 혹은 학교를 졸업하고 실업자로 고통받도록 놔둔다면,
> 직장을 잡고 나서 산재 사고를 당하도록 방치한다면,
> 장년이 되어 정리 해고와 구조 조정의 피해자로 어렵게
> 삶을 이어가게 관망한다면, 그런 사회를 바꾸지 못한다면,
> 우리는 다시 생각해보아야 합니다. 그리고 지금 이 순간
> 정치인인 제가 너무 부끄럽습니다.

사람은 사람이다. 사람은 비용이 아니고, 사람은 상품이 아니며, 사람은 인적 자본이 아니다. 사람은 인간답게 살 권리를 가지고 태어나서 죽을 때까지 존엄해야 할 고귀한 존재이다. 이렇게 말해오지 않았던가. 나는 세월호 참사 앞에서 말할 수 없이 미안하고 부끄러웠다. 스스로가 능력도 권한도 없는 스무 살 어린 시민이 아니라 오십대 국회의원인데, 손 한 번 내밀어보지 못하고 그 생명들을 죽게 내버려두었다는 회한 때문에 차마 소리 내어 울지조차

못했다.

그렇게 한 달을 보내고 나자 비로소 눈물이 나기 시작했다. 초여름의 파란 하늘 아래 신록으로 흔들리는 한강변, 자전거를 타고 가다 눈물이 쏟아져 잠시 멈추기도 했고 지방선거 지원을 나갔다가 문득, 의원실에서 손님을 맞다가도 문득 눈시울이 뜨거워졌다. 어느 날 밤, 식구들이 잠든 뒤 거실에서 처음으로 혼자 소리 내어 울었다. 죽어버린 봄은 다시 오지 않을 것이며 세월호 이전의 일상은 영원히 사라져버렸다. 내가 겨우 할 수 있는 일은 그 소중한 생명들 앞에 부끄럽지 않게 사는 것뿐이라는 생각이 들었다.

세월호 참사 이후 정의로운 길이 무엇인지 고민만 하지 말고 '옳다고 생각하면 바로 행동하라'는 생각이 커졌고 정치 활동도 그런 마음으로 해나갔다. 지원을 요청해오는 비정규직과 노동 현장에 더욱 적극적으로 응했을 뿐만 아니라 당 내에서도 목소리를 내기 시작했다. 4년으로 끝내자던 나의 정치를 재선 도전으로 바꾼 것도 세월호 참사이다. 설령 실패해도, 실패하고 또 실패해도 내가 먼저 그만두지는 말자. 실패의 기록이라도 남기자. 그러면 이 한계를 넘어서는 다른 누군가가 있을 것이다. 그렇게 마음먹었다.

그러나 옳은 것을 주장한다 했지만 세월호 진상규명 특별법 합의를 제대로 이끌어내지도 못했고 우리 당을 바꾸지도 못했다. 정치를 제대로 하지 못한 게 아닌가 하는 질문이 끊임없이 나를 괴롭혔다. 있을 수 있는 일이 벌어진 거라면 그렇게까지 고통스럽지는 않았을 것이다. 그러나 세월호 참사. 그 앞에서 내가 할 수 있는 일이라는 게 고작 이것뿐인가. 차라리 연구자로 돌아가서 사회에 기여하는 것이 내 능력에 맞는 일이 아닐까 하는 목소리가 내속에 메아리쳤다.

그런 데다가 삼성전자서비스, SK, LG 등 대기업 하청 문제를 해결하지 못하는 것 또한 고통스러웠다. 세월호 한 해 전 2013년 10월 31일을 잊을 수가 없다. 그날 나는 국정감사 증인으로 출석한 삼성전자서비스 사장에게 문제 해결을 강력하게 촉구했다. 그런데 같은 날 삼성전자서비스 최종범 씨가 자살했다는 소식이 휴대전화 문자메시지로 전해왔다. 삼성전자서비스를 다니며 배고파 못살고 힘들어하는 동료들을 보는 것도 힘겨웠다는 내용과 함께 "전태일 님처럼 그러진 못해도 전 선택했어요. 부디 도움이 되길 바랍니다."는 카톡 유서를 읽으면서도 믿기지 않았다. 보좌진도 퇴근한 의원실에 우두커니 혼자 앉았는데, 어린 딸을 놔두고 목숨을 끊은 그에게 한없이 미안했다.

고통스러운 질문의 시간을 보내면서 깨달았다. 정치는 권력 배분도 조율의 기술도 아닌 '약자 곁에 선 매 순간의 결단'이라는 것을. 사람은 태어나서 누구나 한 번 이상 약자가 된다. 어린 시절에는 모두가 약자이다. 성인이 되어서도 온갖 이유로 약자가 된다. 실업, 질병, 산재, 사고, 사업 실패, 가족의 사망 등등 열거하자면 끝이 없다. 그때마다 존엄해야 하는 시민의 권리가 훼손된다. 그래서 정치가 필요하다. 단 한 명이라도 약자라는 이유로 불가침의 인권을 포기하지 않도록 정치가 곁에 있어야 한다. 즉 모든 시민은 헌법 앞에서 존엄하며 평등하다는 민주공화국의 정신을 관철시키는 것이 정치인 것이다.

그래서 다시 한 번 스스로를 다독인다. 기존 정치의 규칙과 관행으로 보면 나는 정치에 어울리는 사람은 아니다. 하지만 정치가 '약자 곁에 선 매 순간의 결단' 같은 거라면 나만큼 적합한 사람도 흔치 않을 것 같다. 나는 늘 두려워하지만 그래도 용기를 낸다. 소통이나 공감 능력도 평균 이상은 된다고 말할 수 있다. 싸워본 적도 있고 더러 이긴 경험도 있으며 버텨본 적도 있다. 무엇보다 사람 특히 아이들을 사랑하고 그들이 행복해하는 모습을 보면 저절로 나도 행복해진다. 어쩌면 세상을 바꾸어야 하는 게 내 DNA인가보다.

# 인지도 0.1퍼센트

국회의원 재선 도전에 대해 2014년부터 고민을 시작했고 11월에 성남 중원을 선택했다. 아무 연고도 없던 곳이다. 철거민이 만든 도시, 분당 바로 옆에 있는 중원에는 '분당파출부'라는 이름의 인력 업체가 있다. 그 이름처럼 분당과 판교에서 일하는 일용직 노동자들이 중원에 많이 산다.

내가 사는 아파트의 경비 아저씨는 나랑 같이 웃으며 사진을 찍은 한 달쯤 뒤에 경비실에 들른 내게 페이스북에 올린 사진을 좀 내려달라고 부탁해왔다. "내 직업이 알려질까 봐 아내가 몹시 걱정해요."라던 경비 아저씨의 얼굴이 마음에 오래 남았다. 이분들이 시민으로서 당당하게 살아야 한다는 생각이 중원에 대한 내

짝사랑을 더 키웠다. "친노, 외지인, 철새 정치인, 종북 빨갱이", 새누리당으로부터 들은 이야기가 아니다. 경선 과정에서 같은 당 사람들로부터 들은 말이다. 의원 배지를 달기 위해 물 좋은 곳을 찾아다니다 갑자기 나타난, 지역 주민들과는 아예 다른 부류의 인간이라는 비판과 낙선하면 또다시 다른 지역구를 찾아갈 정치 철새라는 비난이었다(낙선 후에도 중원을 떠나지 않고 꿋꿋이 버티자 그런 평판은 이제 좀 사그라든 것 같다).

그러나 '다른' 정치를 해보고 싶은 꿈, 정치는 약자 곁에 서는 매 순간의 결단이라는 소신으로 밀어붙였다. 어려운 사람들, 특히 일용직이나 영세 자영업자의 현실을 바꾸겠다는 신념이나 가치관만으로 당선될 수는 없다는 충고가 많았다. "가난한 사람은 당신을 찍지 않는다, 가난한 사람은 개혁 정당을 지지하지 않는다."고 단언하기 전에 "개혁 정당이 가난한 사람에게 끈질기게 반응한 적이 있는가?"를 먼저 물어야 한다는 생각으로 중원을 고집했다. 정치학자 바텔스는 미국의 민주당과 공화당이 어느 집단에 반응하는가를 분석한 후, 두 정당 모두 저소득층에는 반응하지 않는다고 결론 내렸다.[1] 차이가 있다면 공화당은 고소득층에 가장 적극적으로 반응하고 민주당은 중간 소득층과 고소득층에 비슷하게 반응한다는 것 정도이다. 저소득층을 위해 일관되게 싸우지 않는다는

---

1  래리 M 바텔스, 『불평등 민주주의-자유에 가려진 진실』, 위선주 역, 21세기북스 (2008)

점에서 한국의 민주당도 크게 다르지는 않다. 문제는 가난한 사람이 아니라 정치에 있는 것이다.

처음 중원에서는 백 명 중의 한 명은커녕 천 명 중의 한 명도 나를 알아보지 못했다. 0.1퍼센트의 인지도가 중원에 도전한 나의 현실이었다. 혹 알아보는 사람도 내가 강성이어서 우려스럽다거나 종북 세력 아니냐는 질문부터 했다. 세월호 배지를 달고 다니는 것도 문제를 삼았다. "그걸 떼지 않으면 악수도 하지 않겠다." "네 아들이 죽었냐 네 딸이 죽었냐, 배지는 왜 달고 다니냐." "세월호 리본을 달고 다니다간 표 다 떨어진다, 선거를 생각해라."는 이야기를 새누리당 지지자만이 아니라 야당 지지자들에게서도 들었다. "당신 간첩이지?"라는 질문도 단골 메뉴였다.

그래도 웃으며 매일매일 중원의 상가와 전통시장을 걸어다녔다. 문을 열고 들어가자마자 "안녕하세요, 민주당 19대 국회의원 은수미입니다."로 시작되는 30초 이내의 짤막한 인사말과 함께 사진이 큼지막하게 박힌 의정 활동 보고서를 드렸다. 그게 버릇이 되어 한번은 내 차 문을 열고서도 "안녕하세요, 민주당…" 하는 바람에 사람들을 포복절도하게 만들었다. 간혹 "정치 잘하세요, 살기가 너무 힘들어요."라거나 "가게 손님 없는 것 보이시죠, 정말 심각해요."라는 말을 듣는 것만으로도 힘이 되었다. 걸어서 두 번, 중원을 돌고 나서야 이름은 들어봤다는 사람까지 포함해 인지도가 30퍼센트 정도로 올랐다. 하지만 그 이상은 어려웠다. 대부분의 사람이 나를 모른다는 것이 4년간의 의정 활동 성적표인 것이다(30퍼센트 인지도는 필리버스터 이후에야 50~60퍼센트로 올랐다).

비록 낙선하긴 했지만 중원의 시민들은 나에게 마음을 열어주었고 나 역시 다른 정치를 하겠다는 신념에는 변함이 없지만, 아직은 내가 소명으로서의 정치를 하는 사람이라는 것을 입증하지 못했다. 어쩌면 그 기회가 없을지도 모르고 결국 실패한 정치인으로 남을 수도 있다. 하지만 내가 먼저 그만두지는 않을 것이라는 결심으로 버틴다. 정치는 혼자 가는 길이 아니다. 동료 정치인들과 함께 가는 길이다. 또 정치는 정치인들만 가는 길이 아니다. 시민과 함께하는 길이다. 왜 정치를 하는가 혹은 정치는 무엇을 하고 있나를 서로 묻고 대답하면서 싸우고 버티고 견뎌내는 과정이다. 답이 있는 것도 아니다. 질문이 있을 뿐이다. 그 질문이 바로 나의 정치다.

# 필리버스터, 국민과 소통하다

적지 않은 독소 조항을 포함하고 있는 테러방지법 저지를 위해 필리버스터가 제안되었고 우리 당 의원총회에서 찬반 논의가 시작되었다. 처음에는 대부분의 의원이 필리버스터에 반대하거나 침묵했다. "여론조사를 보면 4·13 총선에서 새누리당이 170석이라는데 필리버스터를 해서 역풍이라도 불면 새누리당이 200석으로 늘어날 거다, 그러면 개헌 저지선이 뚫린다, 책임질 수 있겠는가."라는 이유들이었다. "총선을 앞두고 테러방지법 반대로 정부의 발목을 잡는다는 비난을 받을 수도 있다, 어차피 국민은 잘 모른다."는 의견도 많았다. 필리버스터를 하지 않는 쪽으로 결정이 나려는 참이었는데 '사건'이 시작되었다.

본회의 시작 전에 필리버스터를 의사 일정으로 먼저 올려야 했기 때문에 필리버스터를 의안으로 공개 상정한 후 비공개 의원총회에 들어갔다. 그 바람에 언론에서 필리버스터에 대한 보도를 내보냈고, SNS에서는 순식간에 야당이 테러방지법 저지를 위해 필리버스터를 한다는 이야기가 돌았다. 이어서 필리버스터가 뭐지, 하는 질문이 쏟아졌고 누가 첫 번째 연설자가 될 것인가가 뜨거운 관심사로 떠올랐다. 의원총회가 끝나기 전에 국민들이 야당의 필리버스터를 사실상 결정해버린 것이다. 국민의 뜻을 거스르기가 어려웠기 때문에 의총의 결론은 '필리버스터를 하지 않는다'에서 '어쩔 수 없다'로 바뀌었다.

　이미 SNS에서 첫 번째 연사로 거론되기도 한 김광진 의원이 의원총회가 끝나자마자 본회의 연단에 섰다. 김 의원은 필리버스터를 하자고 했던 데다 정보위원회에서 테러방지법에 대해 3개월가량 논의를 했던 덕에 곧 바로 연단에 설 수 있는 유일한 사람이었다. 우리 당 다음 연설자로는 강하게 필리버스터를 주장한 내가 되는 게 당연했다. 마음이 급했다. 나는 환경노동위원회 소속이었기에 테러방지법에 관해서는 알고 있는 내용이 많지 않았다. 시간은 짧고 준비는 안 되어 있었다. 게다가 총선이 임박한 시점이어서 보좌진들은 모두 중원에 가 있는 상황이었으니, 내가 연단에 설 수 있는 유일한 방법은 시민들의 도움을 얻는 길밖에 없다고 생각했다. 그래서 페이스북에 긴급 공지를 올렸다.

〈긴급 부탁〉 자료를 올려주십시오. 준비할 시간도 없이
필리버스터를 결정할 수밖에 없었습니다. 김광진 의원에 이어
민주당에서 제가 두 번째입니다. 어떤 내용으로 하면 좋을지
자료 및 의견 부탁드립니다. 여기에 올라온 내용을 가지고
국민의 의견으로 발표하겠습니다. 같이 밤을 샌다,
생각해주세요. 여러분의 견해를 받아 필리버스터 하겠습니다.

평소였다면 수천 개의 댓글이 달리는 걸 보고 충분히 짐작했겠지만 정신없이 발표 준비에 매달리고 있었기 때문에 그게 기적의 시작이라는 것을 몰랐다. 김광진 의원이 본회의장에 들어가고, 그즈음부터 나는 물과 음식을 끊었다. 생리 현상 때문에 필리버스터를 중단해서는 안 되었으니까. 네티즌들이 올려준 수천 개 댓글 중에 테러방지법에 관한 자료들이 첨부되어 있어서 그것들을 중심으로 대강의 구성을 짰다. 진보네트워크센터, 참여연대, 민변 등 테러방지법을 반대한 주요 시민단체들의 사이트도 도움이 많이 되었다. 그렇게 자정을 넘겨 자료들을 챙기고 2016년 2월 24일 새벽 2시 30분경 연단에 섰다.

사람들이 보거나 듣고 있으리라고는 생각도 못했다. 국회TV가 생중계를 한다는 것도 몰랐다. 어쨌든 아침이 되면 언론을 통해 소식이 전달될 테니까 그때라도 시민들이 알 수 있도록 이 새벽을 버텨야 한다는 생각뿐이었다. 내가 길게 버틸수록 다른 의원들이 준비할 시간이 그만큼 많아진다는 생각도 했다. 그런데 서너 시간쯤

지나자 고문으로 망가졌던 몸이 말썽을 부리기 시작하더니 허리 아래부터 마비가 되는 느낌이 왔다. 통증은 점점 더 심해지고, 나는 '조금만 더 버텨다오, 제발'을 속으로 외치며 말을 이어나갔다.

　새누리당 의원들이 이번에도 시비를 걸어왔다. "그런다고 공천 못 받아요."라며 대놓고 삿대질을 했다. 나한테 뭐라고 그러는 것쯤은 참을 수 있어야 한다고 화를 꾹 눌렀다. 그러자니 오히려 온갖 일이 다 떠올랐다. 세월호 참사로 아이들을 잃고 절규하던 부모들의 눈물, 살려달라고 애걸했을 아이들의 목소리, 고공 농성을 하며 버티고 있는 노동자들, 자살을 고민하는 자영업자들, 수치심과 모멸감에 숨죽여 우는 청년들…. 그 얼굴들이 스쳐 지나가며 눈물이 차올랐다. 테러방지법을 막지도 못하고 이렇게 무너지는구나. 이미 직권상정이 되었기 때문에 필리버스터가 끝나서 의회가 다시 열리면 테러방지법이 통과될 거라는 사실을 알고 연단에 섰지만 그래도 가슴이 아팠다. 또다시 실패의 길로 스스로 걸어간 것인가. 국회의원 선거가 한 달 남짓 앞으로 다가와 있었기에, 고통받는 사람들 곁에 제대로 있어주지도 못한 채 의정 활동을 끝내는구나 하는 미안함과 부끄러움이 몰려들었다. 잠시라도 말을 멈추면 바로 눈물이 쏟아질 것 같았다. 그래서 계속 이야기를 했다. 4년 내내 말했지만 아무도 들어주지 않던 말을, 그저 가만있으라던 국회에서 원없이 쏟아냈다.

김대중 대통령께서 "우리는 아무리 강해도 약합니다. 두렵지 않기 때문에 나서는 것이 아닙니다. 두렵지만 나서야 하기 때문에 나서는 것입니다. 그것이 참된 용기입니다."라고 하셨지요. 참된 용기를 가지는 것, 그리고 그 참된 용기를 왜 갖게 됐는지는 정치인에게는 매우 중요한 질문입니다. 특히 저 같은 초선 비례의원은 내가 이 자리에 서야 하는지, 내가 더 용기를 내야 되는지에 대해 항상 질문을 합니다. 그리고 제가 내린 결론은 제가 이십대였을 때 간절했던 것 이상으로 지금 간절하다는 것입니다.

더 이상 청년들이 누구를 밟거나 밟힌 경험만 갖고 20대를 살아가지 않기를 바랍니다. (중략) 자기의 인권과 권리를 보장받지 못한 사람은 그것이 얼마나 중요한지 모를 뿐만 아니라 타인의 권리를 보장하기도 어렵습니다. 우리의 미래가 그렇게 되어서는 안 됩니다. 젊은 시절에 제가 대한민국을 바꾸겠다고 생각했던 이유는 우리의 아이들이 저보다는 더 찬란한 세상을 향해 날아갈 것이라고 믿었기 때문입니다.

그런데 87년 민주항쟁 20주년 기념식 날, 기념식이 열리던 세종문화회관 바로 건너편에서 비정규직 노동자들과 모임을 갖고 있던 저는 이렇게 자문할 수밖에 없었습니다. '여기 이 비정규직 노동자들에게 1987년은 어떤 의미일까? 이분들의 아버지나 어머니, 아니면 이분들 스스로가 젊은 모습으로 당시 그 자리에 있었을 수도 있는데.' 저는 제가 세상이 민주화되는 데 좀 기여를 했노라, 할 만큼 했노라 했는데, 그 민주화된 세상에서 누구는 비정규직으로 살고 누구는 청년 실업자로 살고 누구는 자살해야 하다니… 세상을 바꿔야겠다는 생각이 다시 들었습니다.

테러방지법 이야기를 하면서 이 이야기를 왜 드리느냐면, 사람은 밥만 먹고 사는 존재가 아니기 때문입니다. 밥 이상의 배려를 받아야 하는 것이 사람입니다. 그래서 헌법이 있습니다. 왜 헌법에 일자리, 노동, 복지를 제공한다는 것을 넘어서서 언론의 자유, 집회의 자유, 불가침의 인권, 행복할 권리 같은 것이 있겠습니까. 인간은 그런 존재입니다. 누가 그러더군요, 테러방지법이 통과돼도 사람들은 밥은 먹고 살겠지. 다시 말씀드리지만 헌법에 보장된 시민, 주인으로서의 국민은 밥만 먹고 사는 존재가 아닙니다. 언론의 자유를 누려야 하고 표현의 자유를 누려야 하며 어떠한 억압으로부터도 자유로워야 합니다. 가장 중요한 것은 자기 운명을 자기가 선택할 수 있어야 한다는 겁니다. (중략) 저는 포기하지 못합니다. 왜냐하면 저의 주인이신 국민이 살아가야 되니까요. 국민은 포기할 수 없는 존재입니다.

저는 돌아갈 수 있는 자리가 있는 사람일지 모르지만 그분들은 그런 자리가 없습니다. '헬조선'을 외치는 청년들은 도망치는 길밖에, 둥지가 없는 사람들입니다. 그래서 저는 정치도, 정치를 하는 사람도 자기 둥지를 부숴야 한다고 생각합니다. 저는 대한민국 국민을 믿습니다. 이 법이 통과된다 하더라도 언젠가는 바꿀 수 있을 것이라고 생각합니다. 하지만 그 과정에서 또 누군가 고통을 당해야 할지도 모릅니다. 단 한 사람이라도 덜 고통받는 방법을 찾읍시다. (중략) 저는 사실 박근혜 대통령이나 새누리당에게 화해와 평화, 용서와 치유를 위한 노력을 함께하자고 부탁하고 싶진 않습니다. 오히려 제가 부탁하고 싶은 것은 의견이 좀 다른 사람들이 이 사회에 있습니다, 하는 겁니다. 그런 사람들의 존재를 존중하고 소통을 하고 논의를 하는 것이 정말 사람다운 사회라고 생각합니다. 어떻게 하면 화해하고 사랑하고 함께할 수 있는지, 어떻게 하면 응원하고 격려하고 힘내게 할 수 있는지 좀 생각했으면 좋겠다는 이야기로 저의 필리버스터를 끝냅니다. 감사합니다.

발언을 시작한 지 10시간을 조금 넘긴 24일 낮 1시쯤 무제한토론을 마쳤다. 간신히 몸을 가누고 연단을 내려오면서 부축해준 동료 의원에게 물었다. "몇 명이나 신청했어요?" 우리 당에서 여덟 명이 필리버스터를 신청했다는 말을 듣고 며칠은 버틸 수 있겠구나, 진심으로 감사했다. 본회의장을 나올 때 여기저기서 카메라 플래시가 터졌지만 국민들의 관심을 받고 있다는 사실을 깨닫지 못했다. 텅 비어 있을 거라 생각한 의원실에 사람들이 가득 차 있고 전화벨 소리가 쉴 새 없이 울리고 있었다. 걱정스러운 마음에 보좌진에게 물었다. "항의 전화가 계속 오는 건가요?" 그런데 뜻밖에도 후원하고 싶다, 수고했다는 격려 전화라는 것이다. 그때까지도 '실

수는 하지 않았나 보구나, 다행이다'는 생각에 머물렀다. 중원으로 돌아가 병원에서 링거를 맞으면서, 휴대전화에 찍힌 수많은 메시지와 전화 수신 기록을 확인했으나 실감은 나지 않았다. 국민과 처음으로 온전히 소통했다는 사실을 깨달은 것은, 하루가 지나서 트윗과 페이스북을 확인하면서였다. 누군가 나와 함께 밤을 새웠고 누군가 함께 울었다. 기적 같았다.

이제 은수미 의원 차례다. 마음 모아 응원한다.

힘내라! 오랜만에 야당다운 모습을 본다.
이런 결기가 계속되길 빈다.
밤새도록 혼자서 악전고투하는 은수미 의원을 위해서
시민들이 연설문 원고를 써서 전달합시다.

의원님 뒤에 국민과 노동자가 있습니다. 우리가 보고
기억하고 또 응원합니다. 제발 힘내세요.

테러는 법이 막아주는 게 아니라 우리나라 국민의 목소리가
충분히 반영되는 것에서부터 시작된다고 생각한다.

생중계를 이어폰으로 들으며 일했다. 깊이 집중은 못했으나
그냥 계속 눈물이 난다. 그래도… 이런 국회의원이 있다는 것에
사무치게 자부심이 생긴다.

그렇게 시민들은 필리버스터를 거대한 소통의 플랫폼으로 바꾸었다. 이 플랫폼은 필리버스터가 끝날 때까지 이어졌고 서로가 서로에게 건넨 말 한 마디, 글 한 줄이 이 플랫폼을 가득 채워 총선 승리로까지 이어졌다. 필리버스터를 시작한 것은 국회일지 모르지만 그것을 거대한 소통의 플랫폼으로 만들고 희망을 새기기 시작한 것은 시민, 바로 여러분이다.

7장

# 알바가
# 시민이 될 수
# 있을까

주말에 알바 하느라 촛불 집회도 못 가고
일하는데 사장님은 야근수당도 안 주시고,
이런 제가 시민이 될 수 있을까요.

촛불이 100만을 넘긴 2016년 11월 우연히 만난 20대 알바 청년이 조심스럽게 묻는다. 야근수당, 연장수당도 없지만 그래도 최저임금보다는 약간 더 주는 사업장이어서 그냥 버틸 생각이란다. 그러면서도 이 청년은 촛불 집회에 나가지 못하는 것이 못내 아쉽다고 했다. 한 달 동안 외국 여행을 다녀온 사장님이 선물로 준 달콤한 초콜릿보다 광화문에서 시민들과 함께 인권을 외치고 희망을 꿈꾸는 것이 백 배는 더 달겠지만 아직 학자금 대출도 다 갚지 못한 현실 앞에서 그것이야말로 먼 나라 이야기이다.

당장은 어렵더라도 시간이 흐르면 참여할 수 있을까, 하루 일당을 포기하고 촛불 집회에 나가면 세상이 바뀔까, 야당 후보를 찍으면 야근수당을 받을 수 있을까. 두서없이 터져나오던 간절함이 담긴 질문. 그날 충분히 나누지 못한 이야기를 여기에 쓴다. 알바가 시민이 되는 나라, 하루 8시간 주 5일을 일하면 중산층으로 살아갈 수 있는 나라는 우리 모두의 소박한 소망이고 정치의 이유이기 때문이다.

# 배달 알바 김 군의 산재

10년 전만 해도 배달 알바는 식당 사장님에게 고용된 노동자였다. 비록 일용직일지언정 사고가 나면 산재 적용을 받았다. 하지만 세상이 바뀌었다. 요기요, 배달의민족 같은 배달앱이 깔리고 배달 대행 전문 업체가 생기면서 이제 배달 알바는 콜을 받고 배달해주는 대가로 건당 수수료를 받는 개인사업자(자영업자)가 되었다. 식당이나 배달앱 업체, 배달 대행 전문 업체 어디에도 소속되어 있지 않다.

배달 기록은 남지만 근로 기록은 없고 급여는 수수료로 바뀌었다. 아침에 눈을 떠서 콜을 받기 위해 앱을 켜면 그것이 출근이고 앱을 끄면 퇴근이다. 한 건이라도 콜을 더 받기 위해 하루 종일 대기하며 '신속 배달'을 위해 신호등도 무시하고 질주하는 무한 경쟁을 벌여야 하는 것이 현실이다. 배달에 필요한 오토바이를 대여받아서 일하는 데 드는 기름값, 식비는 물론이고 사고 책임도 모두 알바가 감당해야 하는 몫이 되었다. 일은 똑같은데 신분만 노동자에서 자영업자로 바뀌었다. 고용계약은 사라지고 수수료계약(사업계약)만 남았다.

식당이나 대행업체의 입장에서는 무척 편리하다. 월급을 줄 필요도, 해고할 필요도, 사회보험료를 낼 필요도 없다. 노동법으로부터도 다 자유롭다. 식당이나 대행업체는 자기가 번 돈의 일부를 수수료로 떼어주기만 하면 그만이다. 반면 일을 하는 알바는 매우 불리하다. 근로 기록이 없으니 은행 거래에서 불이익을 받아도 어쩔 수 없고 정해진 근로 시간도 없이 10시간이든 15시간이든 일한다. 배달이 늦어져 주문이 취소되면 수수료를 받지 못하는 것은 물론이고 페널티도 있다.

고2 김 군도 자영업자인 배달 알바였다. 학비와 생활비가 필요해 배달을 했고, 하루 10시간 이상씩 일하면 월 300만 원 정도의 수수료를 받는 경우도 있어서 위험을 무릅썼다. 그러다 사고가 나서 하반신 마비가 되었다. 치료비는커녕 생활비도 부족한 김 군의 가족은 산업재해 신청을 했지만 1심과 2심 법원 모두 산재가 아니라는 판결을 내렸다.[1] 노동자가 아닌 자영업자라서 산재가 아니라

---

[1]  산재 신청을 접수한 근로복지공단은 김 군의 사고를 산재로 인정했고 산재보험에 들

는 것이다.

혹자는 기술 발전으로 배달앱이 퍼지고 배달 대행 전문 업체가 생기면서 발생할 수밖에 없는 문제가 드러난 것이라고 한다. 고용을 한 사용자가 없으니 누구에게 산재 책임을 묻겠느냐는 것이 법원의 판단이다.[2] 게다가 배달앱 개발사, 배달 대행업체, 이들을 이용하는 식당과 배달원, 소비자까지 복잡하게 얽혀 있어 해결하기가 쉽지 않다. 착취당한 사람은 있는데 착취한 사람은 없고, 그래서 어떤 법적 보호도 받지 못하는 것이 어쩔 수 없는 현실일까. 촛불 집회 참여는커녕 생존권조차 보장받지 못하는데 시민의 권리를 말하는 게 너무 먼 이야기처럼 들릴 수도 있다. 모쪼록 사고 나지 않도록 조심하며 악착같이 돈 버는 길밖에 없다는 결론에 이르기도 한다.

하지만 그렇지 않다. 기술이 아무리 발전해도, 세상이 아무리 바뀌어도 인권과 인간 존엄성의 보호가 민주공화국의 핵심 가치라는 점은 달라지지 않았다. 그렇기 때문에 세금도 내고 함께 살면

---

지 않았던 배달 전문 업체에게 산재보험 급여액의 절반을 부담하도록 결정했다. 그러나 배달 전문 업체 사장은 김 군이 자신이 고용한 노동자가 아니라며 산재 결정을 취소해달라는 소송을 제기한다. 1심 법원은 김 군이 배달 업체에 직접 고용된 노동자가 아니라고 보고 산재 처분을 취소했고 김 군은 그동안 지출된 치료비 전액을 내야 할 처지가 됐다. 김 군 쪽에서는 항소를 제기했지만 2016년 8월 서울고등법원 역시 김 군이 개인사업자라는 판결을 내렸다. 지금은 대법원 판단만 남은 상태다.

2  고용보험, 국민연금, 건강보험은 노동자와 사용자 반씩 부담하지만 산재보험만은 사용자가 전액 부담한다.

서 민주주의를 옹호하는 것이다. 한마디로 보호받는 게 시민의 권리이고 보호하는 게 정부의 의무이다. 이것이 우리가 독재나 노예제 사회가 아닌 민주공화국을 지지하는 이유이다.

당장 김 군 같은 배달 알바를 보호할 방법이 없는 것도 아니다. 예를 들어 프랑스에서는 김 군처럼 배달앱, 배달 대행업체, 식당과 얽혀 있으면서도 아무하고도 고용계약을 맺지 못한 노동자를 '플랫폼 노동자'라고 명명하고 산재보험 적용뿐만이 아니라 노조에 가입할 권리도 보장해주었다.[3] 미국에서는 공동 사용주라 하여 식당, 배달앱, 배달 전문 대행업체가 사용주로서의 책임을 분담하는 길을 열어놓았다. 굳이 플랫폼 노동자라는 새로운 이름을 붙이거나 공동 사용주 책임을 거론하지 않는다 하더라도 보호할 수 있는 방법은 또 있다. 특수고용 노동자로 분류해 산재보험을 적용하는 것이다.

배달 알바처럼 사실상 노동자로서 일하는데 신분만 자영업자인 사람들을 특수고용 노동자 혹은 특수고용직이라 한다. 보험 판매원, 골프장 캐디, 택배 기사 등이 모두 특수고용직이다. 이들은

---

3 2016년 8월 8일에 통과된 프랑스의 '노동과 사회적 대화의 현대화 그리고 직업적 경로의 보장에 관한 법'(당시 프랑스 노동부장관 이름을 따서 엘코므리 법이라 불린다)에 따르면 제공되는 노무나 매매되는 재화의 성격과 가격을 플랫폼이 결정하는 경우 플랫폼은 근로자에 대해 사회적 책임을 부담한다. 이때의 사회적 책임은 ① 노동자가 임의로 가입한 산재보험 비용에 대한 부담 ② 노동자의 직업 훈련 비용에 대한 부담 ③ 자격증 취득에 필요한 수당 지급 ④ 파업 등 노무 제공 거부 권리 보장 ⑤ 노조 가입 권리 보장 등이다.

지금도 본인이 원하면 산재보험에 가입할 수 있다(이것을 임의가입이라고 한다). 하지만 이들 대부분은 산재보험에 가입할 수 있다는 사실조차 모른 채 비싼 민간 상해보험 가입을 강요받는다. 게다가 배달 알바는 특수고용직으로 분류조차 되어 있지 않다. 19대 국회에서는 특수고용직에게 무조건 산재보험을 적용하고(임의가입에서 강제 적용으로 바꾸고), 혜택을 받는 특수고용직의 범위도 더 확대하는 법을 통과시키려 했다.[4] 만약 이런 법이 있었다면 김 군이 산재 처리를 받는 데 굳이 법정 소송이 끼어들 필요가 없다. 소액의 산재보험료조차 부담하는 것이 어려우면 보험료의 일부 혹은 전부를 국가가 지원하면 된다. 돈이 많이 들지도 않는다. 삼성이 최순실에게 내놓은 200여억 원만 있어도 배달 알바에게 필요한 산재보험료 전액을 최소 21년, 최대 80년간 국가가 지원할 수 있다.

그런데 19대 국회 환경노동위원회를 통과한 이 법안이 법제사법위원회에서 가로막혔다. 삼성생명과 같은 재벌 대기업 보험회사와 일부 새누리당 의원들이 반대를 한 것이다. 심지어 보험 판매원 같은 일부 특수고용직 종사자들이 법안에 반대한다며 서명지까지 들고 와서 통과를 막았다. 산재보험이 적용되면 1조에 달하는

---

4   2008년부터 6개 특수고용 직종에 대한 산재보험 임의가입이 허용됐지만 산재보험 가입률은 2014년 현재 9.8퍼센트에 그쳤다. 19대 국회 최봉홍(새누리당) 의원이 산재 보험 적용 제외 신청 사유를 제한함으로써 특수고용직 노동자의 산재보험 가입률을 높이려는 '산업재해보상보험법 개정안'을 발의했었다. (http://www.labortoday.co.kr/news/articleView.html?idxno=124128)

단체상해보험 시장이 줄어들고, 수천억 원의 이익이 사라지는 탓이다. 민간 기업 죽이려고 하느냐, 자영업자들의 산재보험을 왜 국가가 책임지느냐는 끈질긴 로비 앞에서 무조건 사람의 목숨이 소중하다는 민주공화국의 정신이 폐기되고 사고가 곧 돈이 되는 시장의 논리가 이겼다.

백 번 천 번 양보해 시장의 논리를 우선한다 해도 이 법은 통과되는 게 마땅했다. 산재에 따른 경제적 피해가 연간 19조 원[5]이어서 이것만 줄여도 경제 활성화에 큰 도움이 될 것이다. 산재보험 덕분에 일자리가 좀 더 안정되고 소득이 늘어나면 당연히 소비도 커져 일석이조, 아니 일석사조의 효과가 있다. 하지만 재벌 대기업과 기득권 세력이 그 길을 가로막고 나섰다.

---

5  내일신문 2015년 12월 1일(http://www.naeil.com/news_view/?id_art=175549)

# 시민을 만드는 국민기본선

따지고 보면 정책이 없는 것도 돈이 없는 것도 아니다. 문제는 재벌과 기득권 세력의 저항을 넘어서는 정치적 결단이다. 사람의 목숨조차 돈벌이 수단으로 삼는 재벌 대기업의 반대를 무릅쓰고 인권과 존엄을 우선할 수 있는 정치적 결단, 경제가 어려워진다는 호들갑에 흔들리지 않고 약자 곁에 서는 정치적 용기가 절실하다.

세계 최장의 노동시간, OECD 1위의 산재 사망률과 자살률로 드러난 절벽 같은 현실 앞에서도 용감하게 촛불을 든 대한민국 시민, 그들의 반만큼이라도 정치가 용감하다면 길이 있다. 기술 발전이 아니라 천지개벽이 일어나도 인권과 존엄은 지켜져야 한다는 헌법 정신을 정치가 반이라도 지켜낸다면 알바가 시민이 될 수 있는 길이 열린다.

이를 위해 엄청나게 많은 일을 해야 하는 것은 아니다. '국민기본선'(National Minimum)만이라도 당장 적용하면 된다. 모든 사람이 시민이 될 수 있는 최저선, 시민권을 보장하는 기준선이 국민기본선이다. 먹고사는 것조차 어려운 사람은 시민으로서 생각하고 참여할 자유와 권리를 누릴 수 없다는 점에서 극단적으로 말해 노예나 동물과 큰 차이가 없다. 이런 이유로 이미 헌법에서는 최소한의 국민기본선을 보장하고 있는 것이다. 문제는 법조문에 불과할 뿐인 이 국민기본선을 실제적인 삶의 규칙으로 만들어야 하는데, 이는 정치적 결단만 하면 지금 당장이라도 가능하다.

국민기본선의 첫 번째는 '하루 8시간 1주 5일만 일하기'이다. 한국인은 세계에서 가장 오랫동안 일한다. OECD 34개 회원국 중 연간 노동시간이 2천 시간을 넘는 나라는 한국(2,285시간), 멕시코(2,228시간), 그리스(2,042시간) 세 나라뿐이다.[1] 심지어 박근혜 정부 들어와서는 노동시간이 더 늘어났고 독일이나 프랑스와 비교하면 일 년에 2~3개월쯤 더 일한다.

그런데 우리나라 노동법은 이와 같은 장시간 노동을 금지하고 있다. 하루 8시간, 1주 40시간만 일하고 불가피한 연장근로도 1주 12시간을 넘지 못한다는 것이 법이다.[2] 하지만 고용노동부의 해석

---

[1]  김유선, "연장근로시간 제한의 고용효과", 「KLSI 이슈페이퍼」, 2015년 제12호
[2]  근로기준법 제50조는 1주 근로시간 40시간 초과를 금지하고, 제53조는 당사자 합의

은 다르다. 1주 40시간의 '1주'에 주말을 포함시키면 안 된다는 것이다. 그래서 주말인 토요일과 일요일은 각각 8시간씩 법 외의 일을 시킬 수 있다는 주장이다. 결국 고용노동부는 1주를 월, 화, 수, 목, 금, 토, 일 중에서 토, 일을 뺀 5일로 간주한다. 따라서 고용노동부의 해석만 바꾸면 모든 것이 해결된다. 굳이 법을 개정할 필요 없이 법의 왜곡만 바로잡으면 장시간 노동 국가의 오명에서 벗어나 상당수의 사람이 저녁이 있는 삶을 만끽할 수 있다.

그렇다면 고용노동부는 왜 고집을 부리는 것일까. 그 이유로 가장 많이 거론하는 것이 노동시간을 줄이면 임금도 줄기 때문에 정작 일하는 사람들이 원하지 않는다는 것이다. 그러나 이는 사실과 다르다. 노동시간 단축을 원하지 않는 것은 기업이다. 노동시간을 줄이면 고용을 늘려야 하는데 그러면 비용이 증가한다. 기업의 입장에서는 기존에 일하고 있는 사람의 노동시간을 늘리는 것이 훨씬 효과적이다. 최장 52시간까지만 일을 하면 최소 약 30만 개의 일자리가 늘어나는데도 기업은 이를 외면한다. 물론 노동시간을 줄일 경우 당장은 임금이 줄어들 가능성이 있다. 특히 저임금 장시간 노동을 하는 사람들은 생계가 어려워질 수도 있다. 하지만 노동시간을 줄이면 노동 효율이 높아지고 생산성도 올라가므로 중장기적으로는 임금이 늘어난다. 결국 저임금이라서 장시간 노동을

에 의한 연장근로 한도를 주 12시간으로 제한하고 있다. 즉 연장근로까지 포함하더라도 주 52시간을 초과하는 노동을 금지한 것이다.

해야 하는 사람이 줄어든다. 당장에 임금이 줄어드는 것은 정부 지원을 통해 보완할 수 있다. 노동시간을 단축한 모든 선진국이 이 과정을 거쳤다.

국민기본선의 두 번째는 '누구나 일을 하면 최저임금을 받는 것'이다. 헌법으로도 이미 보장된 최저임금을 다시 거론하는 이유는 그조차 받지 못하는 사람이 200만 명이나 되고, 여기에 임금 체불까지 합하면 300만 명이 넘는 사람이 최저임금 이하의 삶에서 허덕이고 있기 때문이다. 이들에게 시민으로서의 권리는 먹고 살아야 하는 절박함 앞에서 유령처럼 사라진다. 연령이나 직종, 성별이나 장애 유무와 무관하게 무조건 최저임금을 보장할 수 있어야 한다. 유럽의 최저임금 미만율은 1퍼센트 내외인 반면 한국의 최저임금 미만율은 10퍼센트가 넘는다. 한국이 경제적으로 더 어렵기 때문이 아니라 정부가 국민기본선조차 보장하지 않기 때문이다. 물론 최저임금도 줄 수 없는 영세 사업주가 허다하고 심지어 목숨까지 끊는 영세 사업주가 있다는 것을 모르지 않는다. 이러한 영세 사업주에게 사회 안전망을 깔아주고 사회보험료를 지원해주며 재벌 대기업의 골목 상권 장악이나 불공정 행위를 저지하는 것 역시 최저임금 정책이다. 그래서 '누구나 일을 하면 최저임금을 받는다'는 건 패키지 정책이어야 한다. 그래야만 최저임금 1만 원도 가능해진다.

국민기본선의 세 번째는 '일을 하지 못해도 최저임금의 80퍼센트 이상은 받는다'이다. 사회보험에 가입한 사업장에서 일을 하는 사람은 일정한 요건이 갖춰지면 일자리를 잃어도 실업급여를 받을 수 있다. 최저임금의 90퍼센트를 짧게는 3개월, 길게는 10개월까지 실업급여로 받은 사람들은 한목소리로 말한다. 쉬면서 훈련도 받고 여행도 가면서 다음을 준비할 수 있었다고.

하지만 한 해 평균 이직 또는 해고자가 900만 명이라는데 그중 약 400만 명은 사회보험을 적용받지 못한다. 이들에게는 일자리를 잃는 것이 곧 목숨을 잃는 것과 같은 절박함으로 다가온다. 사회보험 제도를 개선하면 이들 중 일부는 실업급여를 받을 수 있다. 그도 안 되는 사람은 국민 세금으로 청년수당과 같은 실업부조를 제공하면 된다. 이미 실험도 해보았고 성과도 검증되었다. 서울시의 청년수당이나 고용부가 이미 하고 있는 취업패키지 사업이 그것이다. 3조 정도의 예산이면 모두에게 적용 가능하다. 해마다 이 정도 예산이 다 들어가는 것도 아니다. 시간이 갈수록 예산은 점점 줄어든다. 사회보험이나 실업부조를 제공하는 것 자체가 일자리를 개선하는 효과를 내고 스스로 사회보험료를 낼 수 있는 사람의 수를 늘리기 때문이다. 실업급여나 실업부조를 받으며 직업훈련을 하고 숨쉴 기회를 갖는 사람은 그러지 못하는 사람보다 더 좋은 직장으로 옮겨 가는 비율이 높다. 사회보험의 효과를 경험하는 사람이 많아질수록 경제가 나아진다.

네 번째 국민기본선은 '비정규직에게 노조 가입을'이다. 우리나라 노조 가입률은 전 세계 최하위 수준인 10퍼센트 남짓이다. 그래도 정규직은 20퍼센트쯤 가입해 있는데 비정규직의 가입률은 약 1.8퍼센트에 지나지 않으니 아예 없는 것과 마찬가지다. 정부의 의지만 있다면, 정치권이 결단만 한다면 법을 바꾸지 않아도 비정규직의 노조 가입률을 무조건 10퍼센트까지 올릴 수 있다. 정부가 비정규직 노조 활성화를 위해 단 한 번도 애를 쓴 적이 없다는 사실을 기억해야 한다. 헌법에 보장된 노동삼권은 정부가 시민에게 제공해야 할 기본 서비스라는 사실조차 인정하지 않을 때가 많다. 그래서 법대로만 해도, 정부의 의무를 다하기만 해도 노조 조직률은 올라간다.

비정규직이 노조에 가입하고 노조 조직률이 높아지면 어떤 일이 생길까? 사업주는 비정규직을 함부로 해고할 수 없다. 최저임금을 지키지 않는 사업주는 고소 고발을 당한다. 프랜차이즈로 막대한 이익을 얻는 재벌 대기업의 불합리한 관행도 줄어든다. 산재 역시 함께 줄일 수 있다. 한국노총과 민주노총은 모든 의사 결정에서 비정규직의 의견을 더 많이 반영할 것이다. 일부 정규직 노조가 채용 장사를 한다거나 비정규직에게 불리한 교섭을 체결하는 것이 불가능해진다. 알바도 노조에 가입해서 야근수당과 특근수당, 연장수당, 휴일수당을 받을 수 있다. 인권과 존엄에 대한 교육을 받을 권리부터 촛불에 함께 참여할 권리에 이르기까지 새로운 지평이 열린다. 이렇게 시민으로서의 '자유'가 비정규직이나 알바에게로 확대된다.

자유는 자립이기도 하지만 본질적으로는 참여이다. 개인이 노동조합과 같은 공동체에 가입하거나 탈퇴할 자유, 목소리를 내거나 내지 않을 자유, 집단적인 의사 표현을 할 자유, 그렇게 해도 불이익을 받지 않을 자유. 그래서 참여의 확대는 곧 시민으로서의 자유권을 누구나 똑같이 향유할 권리의 시작이 되는 것이다.

국민기본선의 다섯 번째는 국민의 생명과 안전의 보장, 그 최소한인 '산재 사망률 반으로 줄이기'이다. 한 해 산재로 목숨을 잃는 사람이 1,900여 명이다. 이는 6척의 세월호가 매년 바다에 가라앉는 것과 같은 수치다. 반면 재벌 대기업은 산재로 오히려 돈을 번다. 산재 은폐 즉 산재를 숨겨서 버는 돈만 한 해 5천억이 넘는데 이 중 삼성이 1천억, 현대가 700억이다. 배달 알바에게도 산재보험을 적용하고 사람의 생명과 안전에 관한 업무에 대해서는 하청을 금지하며 재벌 대기업의 산재나 산재 은폐에 대해 징벌적 손해배상을 부과하는 것만으로도 산재 사망은 눈에 띄게 줄어들 것이다. 사용자와 노동자, 특히 비정규직까지 산재 줄이기에 동참한다면, 이와 같은 노사 협의를 정부가 지원한다면 OECD 1위 산재 사망국이라는 오명을 벗을 수 있다. 그것이 모든 일하는 사람을 시민으로 업그레이드 할 수 있는 기본선이다.

국민기본선의 여섯 번째부터는 여러분이 정해야 한다. 삶의 최소 수준을 보장함으로써 광장에서 자유롭게 정치에 참여하는 시민이 많아지면, 그렇게 알바가 시민이 되면 시민으로서의 지위를 유지하기 위해 더 필요한 국민기본선이 무엇인가를 시민 스스로 정하고 정치권에 요구해야 한다.

기본소득을 시행할 것인가 아닌가. 기본소득을 시행한다면 재정적 부담은 어떻게 해결할 것인가. 근로소득세를 낼 권리조차 없는 사람들에게 천 원이라도 세금을 내라고 하는 것이 맞는가. 그 경우 어떤 혜택이 주어질까. 법인세 수준은 어느 정도가 적당하다고 보는가. 법인세도 못 내는 기업의 어려움은 어떻게 해결할 수 있는가. 재벌 개혁의 시작은 무엇이며, 어떻게 하면 재벌이 부동산 투기가 아니라 생산과 고용에 집중할까. 수많은 이야기들이 쏟아질 것이고 그중 당장 가능하거나 중요한 순서들을 시민 스스로 정할 수 있다. 오프라인으로 어렵다면 온라인으로 하면 된다. 디지털 시대가 이미 그 가능성을 활짝 열었다.

# 8장

# 광장의 촛불을
# 일상의 촛불로

광화문에 가서 촛불 드는 건 쉽지만 동네에서
촛불을 드는 건 정말 어려워요. 사람들이 잘 모이지도
않아요. 빨갱이, 간첩이라면서 손가락질하는 분들이
좀 줄긴 했지만 일상에서의 촛불은 여전히 어려워요.

지역에서 열리는 시국회의나 비상행동본부의 초청 강의 혹은 우리 당 지역위원회 초청 강의 때마다 나오는 이야기이다. 그나마 시국회의나 비상행동본부로 사람들이 모일 수 있는 지역도 많지 않다. 시민단체도 많이 줄었고, 있는 단체들도 대부분 명맥만 유지하고 있는 탓이다. 2004년 여야 합의로 오세훈 법[1]이 통과되면서 지구당마저 사라지자 정당과 시민 간의 소통 창구가 없어지고 지역에 시민 정치가 깃들 공간도 사라져버렸다.

동네 미용실에서도 촛불 집회 이야기를 하는 요즘 같은 특별한 시기를 제외하면, 지역에서 정치적 의제를 공유할 수 있는 일상적 채널이나 플랫폼은 사실상 존재하지 않는다. 그렇다고 매번 광화문에 나가 촛불을 들 수는 없는 노릇이니, 광장의 촛불이 일상의 촛불로 바뀌지 않고 지역에 시민 정치 공간이 존재하지 않는다면 제도 정치와 민주주의는 다시 과거의 모습으로 돌아가서 기득권 세력에게 장악되고 말 것이다.

---

1  16대 국회에서 통과된 정치관계법 개정안, 일명 오세훈 법은 돈 안 드는 선거를 핵심으로 하는데, 정치자금 모금 한도액을 절반으로 줄이고 기업 돈을 받지 못하게 하며 지역구 지구당을 폐지하도록 했다.

# 온갖 단체가 많지만

지역에는 많은 단체가 있다. 약 30만 명이 거주하며 그중 20만 명이 유권자인 선거구를 기준으로 살펴보자. 성남 중원구처럼 하나의 행정구역이 하나의 선거구인 경우가 좋은 예가 될 수 있을 것이다. 평균 10여 개의 동으로 구성된 이와 같은 행정구 겸 선거구에는 최소 500개 많으면 800개가 넘는 단체가 수십 년간 존재했고지금도 활발하게 움직이고 있다. 무슨 조직이 그렇게 많을까.

　우선 주민센터별(동별) 조직들로서 구의 행정을 지원하는 단체들이 있다. 예컨대 ○○동 주민자치위원회, 통장협의회, 방위협의회, 바르게살기협의회, 새마을지도자협의회, 자유총연맹, 주민자율방범대, 청소년지도위원회, 행복마을추진위원회, 녹색교통, 학

부모폴리스, 지역자율방재단, 새마을부녀자협의회 등 동마다 평균 15개 내외의 단체가 있다. 10개 동이면 이와 같은 기초 단체만 무려 150여 개이다. 경로당과 사회복지센터 역시 매우 중요한 조직으로 행정구 겸 선거구에 최소 50개 정도가 있으며 기독교, 천주교, 불교 등의 종교 및 지역의 봉사 단체까지 다 합하면 그 수는 200개를 훌쩍 넘는다. 여기에 주민센터별 동호회 모임까지 합하면 300개쯤 되는 단체가 활동 중인 것으로 보인다.

호남, 영남, 충청, 강원도 향우회 역시 보편적인 지역 조직이다. 각 지방의 향우회 조직이 시군별로 있는 건 물론이고 동별 향우회가 있는 경우까지 더하면 향우회만 최소 50개 정도가 된다. 게다가 학교 조직은 어느 지역에나 있다. 초중고별 학교운영위원회, 학부모모임, 작은도서관모임, 학교별 동문회 및 연합회 등에다 대학까지 합하면 50개가 넘는다. 경제 단체도 중요한데 각종 상인회, 새마을금고, 주민신협, 사회적 경제조직 등이 최소 20여 개는 있게 마련이다. 생활체육회 관련 모임 역시 꽤 많다. 동별, 학교별 배드민턴 모임, 조기축구회, 게이트볼 모임, 등산회는 기본이고 합기도나 태권도와 같은 운동 모임 중 꽤 규모가 크고 오래된 것만 해도 150개는 된다. 물론 환경운동연합이나 참여자치시민연대와 같은 시민사회단체도 존재하며 사드반대시민모임이나 국정교과서 반대모임과 같은 이슈별 단체도 있지만 그 수가 많지는 않다.

이런 단체들을 다 합하면 상당한 규모가 된다. 내가 살고 있는 성남만 해도 4개 선거구에 총 2,000여 개 이상의 단체가 있다. 이 단체(혹은 조직)들은 매주, 매월 또는 몇 달에 한 번씩 정례적인 활동을 한다. 1월과 2월에는 신년회 및 회장 이취임식이 있다. 3월에는 동별 척사대회(윷놀이)를 하고 4월부터는 단체별 야유회가 있어 매일 아침마다 관광버스가 출발한다. 5, 6월에는 소규모 체육대회나 주민단합대회를 하고 7, 8월에는 초복, 중복, 말복을 전후해 경로당 어르신들에게 보양식을 대접하는 행사를 치른다. 9월부터 다시 야유회 시즌이 시작되어 새벽부터 관광버스가 나가고 10월에는 대규모 체육대회를 한다. 11월에는 동별·단체별 김장 행사가 있고 12월에는 송년회이다. 그 사이사이 경로당 어르신이나 독거노인을 위한 국수 봉사, 짜장면 봉사, 미용 봉사, 도시락 봉사가 진행되고 거의 모든 향우회나 단체는 월례회의를 개최한다. 이렇게 1년 프로그램이 돌아가고 다음해 1월이 되면 다시 신년회 및 회장 이취임식을 한다. 사람들은 끊임없이 만나고 있다.

이들 조직의 운영 비용은 회원들의 회비와 회장 혹은 핵심 간부들의 기부금, 주변 상인이나 기업인들의 후원금으로 충당한다. 사회봉사 단체 같은 경우는 지자체의 지원을 받기도 하고 경로 행사 역시 지원을 받는 경우가 있지만 그 비중은 크지 않다. 자체 조달이 대부분인 것이다. 회원 특히 여성 회원들의 헌신과 봉사는 단연 돋보인다. 회원들은 며칠에 걸쳐 수십 혹은 수백 명의 음식을 마련하고 행사 당일 참석자들에게 온갖 서비스를 자발적으로 제공한다. 독거노인이나 저소득층을 위한 도시락 봉사는 회비 내고 장을 봐서 음식 만들어 도시락 싸고 배달까지 하는 회원들의 헌신적인 노력에 의해 유지된다. 한여름 뜨거운 복날 주민센터 지하에서 200여 명의 동네 주민과 어르신들에게 몇 시간 동안 끓여낸 삼계탕을 정성껏 대접하는 단체 회원들의 모습을 보고 있노라면 감탄하지 않을 수가 없다.

회원이 중복되는 경우를 최대한 제외하면 단체마다 평균 15명 내외의 회원이 있고, 전체 조직으로 보면 연간 만여 명 이상이 이런 저런 프로그램에 참여한다. 참여자의 정치적 성향은 평균적으로 70~80퍼센트가 보수 쪽이지만 단체 행사에서 공식적으로 정치가 화제가 되는 경우는 거의 없다. 말하지 않아도 서로 어떤 생각을 하고 있는지 알기 때문이다. 세월호 참사 때를 제외하고 지역 조직들이 크고 작은 행사를 멈춘 적은 거의 없다.

정치인들에게는 이들 단체의 행사가 지역의 시민들을 만날 수 있는 거의 유일한 창구이다 보니 국회의원, 도의원, 시의원 및 원외 정치인까지 여야를 불문하고 어떻게든 행사에 초청받고 축사라도 하고자 노력한다. 혹여 초청되지 않았다 하더라도 가서 얼굴을 보이고 인사를 하는 게 당연시된다. 단체의 정치적 성향이 보수 쪽에 기울어져 있다든가 하는 것은 중요하지 않다. 참석하지 않는 정치인이 대해서는 여당이든 야당이든 목이 뻣뻣하다든가 불성실하다는 비판 여론이 형성된다. 이런 점이 국회의원들이 중요한 국회 일정까지 빼가며 지역 행사에 참여하는 한 가지 이유이기도 하다.

하지만 이들 단체 중 시민의 권리나 정치적 주제를 놓고 대화를 나누거나 촛불을 함께 들 수 있는 시민단체는 극소수이다. 예를 들어 성남의 수많은 단체 중 박근혜퇴진국민운동본부에 참여한 조직은 65개 내외에 불과하다. 최대로 참여를 끌어낸다 해도 80개를 넘지 않는다. 수십 년간 정례적인 활동을 이어온 단체가 성남 전체에 2,000여 개라는 사실을 떠올리면 매우 적은 수이다. 게다가 촛불에 참여한 단체의 상당수는 일상적으로 활동하지도 않는다. 1년에 두 번 정도 모임을 갖는 경우가 대부분이며 평범한 시민들의 자발적인 참여는 사라진 지 오래다. 광화문에서 촛불을 드는 것보다 지역에서 촛불을 드는 것이 어려운 것도 이 때문이다.

오랫동안 시민단체 상근자로 활동해온 강영근(가명) 씨는 "시민단체는 사라졌어요. 핵심 활동가들은 정부나 국회, 지자체로 빨려 들어갔고 박봉에 시달린 나머지 활동가들도 단체를 그만두었습니다. 그나마 성남은 국민운동본부를 꾸렸지만 그렇지 못한 지역이 더 많습니다."라고 토로한다. 직장과 일상에 쫓기는 사람들에게 시민으로서의 참여 통로는 없다. 얼굴도 모르는 국회의원, 시의원을 당을 보고 찍거나 소문을 듣고 찍는 것이 그나마 참여일 뿐이다. 그마저도 포기하는 사람이 점점 늘어나고 있다.

# 지구당은 없습니다

정치의 관점에서 보면 시민 조직의 부재 이상으로 심각한 문제가 지구당이 없어진 것이다.[1] 시민과 함께하는 일상적인 정당 활동의 유일한 통로라고 할 수 있는 지구당은 13년 전 오세훈 법에 의해 사라졌다. 당시는 열린우리당이 여당이었을 때인데 여야 합의로 통과시켰었다.

　과거 지구당은 '여론 수렴, 민원 상담, 의사 형성, 목적 설정, 정책 개발, 공직 후보자 공천, 정치 지도자의 선발과 충원, 투표 유도

---

[1]　2004년 선거법, 정치자금법, 정당법 등 정치관계법들이 개정되었다(일명 오세훈 법). 이때 정당법 제3조 지구당 단위의 구성 요소가 삭제되면서 시도 이하 단위에서 정당의 조직화가 금지되었다. 그리고 이는 시도당 이하 어떤 정당 조직도 허용하지 않는다는 중앙선거관리위원회의 유권해석에 의해 확인되었다.

및 선거 운동, 민주 시민 교육 및 정책 선전' 등을 통해 정책정당화를 주도하고 현장의 목소리를 대변했다.[2] 돈 먹는 하마, 고비용 저효율이라는 비난을 받았지만 시민의 참여를 유도하고 지역에서의 정책 형성 및 정치 의제를 만드는 것은 지구당이었다. 야당의 지구당이나 중앙당사는 노동조합 등 사회적 약자가 자신들의 목소리를 내기 위해 활용할 수 있는 장이기도 했다. 그러나 일종의 말초신경 같은 역할을 하는 지구당이 사라지면서 한국의 정당정치는 중앙당과 도당이라는 심장과 일부 장기만이 살아남았을 뿐, 지역에서는 각종 단체의 행사에 참여하는 것 이상의 능동적인 정치 활동은 찾아보기 힘들다. 말이 좋아 원내 정당이지 시민과의 소통이 끊겨버린 정당정치는 권력의 전횡과 부패를 막기에 역부족이다. 이러한 점도 박근혜 정권의 국정 농단을 가능하게 한 요인 중의 하나라고 생각한다.

지구당이 존재했던 당시 서울 한 선거구의 지구당 당직자 수는 무려 2,765명이었다. 여당이건 야당이건 이 정도의 당직자를 유지하는 것이 보편적이었다. 시·군·구·동 단위만이 아니라 투표구별, 아파트 단위별로 관리 책임자들이 있었다. 선거 때 투표를 독려하는 것은 물론이고 크고 작은 모임과 회합에서, 저녁 퇴근길 술집이

---

2  하네스 B 모슬러, 『사라진 지구당, 공전하는 정당개혁』, 인간사랑(2013). 부제는 '독일인이 바라본 한국 풀뿌리 민주주의의 상징인 지구당 보고서'이다. 저자인 모슬러는 독일 사람으로 서울대학교에서 정치학 박사 학위를 받았다.

나 휴일 교회 혹은 절에서 지역민과 직접 접촉하는 일상적 창구가 있다는 사실은 매우 중요하다. 그 외에도 지구당 단위의 사무실도 운영할 수 있고 후원금 모금도 할 수 있었다. 지구당 사무장 및 상근 간부들의 급여는 정당에서 지급했다. 당에서 마음만 먹으면 아래로부터의 당내 민주주의나 추종자에서 참여자로 시민의 변화를 주도하는 거점으로 삼을 수도 있었다.

지구당이 금지되자 모든 것이 달라졌다. 당직자는 사라지고 당직자에 준하는 간부들의 수도 100여 명으로 줄었는데 이마저도 서류상의 등록 수치일 뿐이다. 지구당 수준의 일상적인 정치 활동과 후원금 모금이 금지되고 여성위원회, 청년위원회, 실버위원회, 장애인위원회, 직능위원회 등의 활동도 멈추거나 현저하게 축소되었다. 허용된 것이라고는 당원의 친목 모임뿐이다. 월 1, 2회 정도 동네 식당이나 주민센터 회의실을 빌려 운영하는 친목 모임마저도 간단한 정보 교환 정도에 그친다. 이처럼 일상적인 정당 활동이 불가능해지면서 지역위원회는 해당 지역 국회의원이나 원외 지역위원장의 사조직으로 바뀌었다.

국회의원은 자신의 지역 사무실을 합법적으로 열고 모든 비용을 부담하니까 주요 결정을 주도하게 되고 자연스럽게 지역위원회를 사조직화하기 쉽다. 반면 원외 지역위원장은 지역 사무실을 가질 수 없다. 그래도 사무실 없이 활동할 수는 없는 노릇이라 간판도 없는 개인 사무실을 조그맣게 운영한다. 이곳에서 당원 모임을 개최할 경우 불법이기 때문에 말 그대로 개인 사무실이다. 국회의원보다 불리한 조건이기는 하지만 지역위원회가 사조직화하는 건 마찬가지이다. 지역위원회는 국회의원을 배출할 경우 그나마 국회의원의 지역 사무실 형태로라도 운영할 수 있기 때문에 위원장을 국회의원으로 만드는 일에 총력을 쏟는다. 결국 4년 내내 정치인 개인을 알리는 일이 정치 활동의 대부분을 차지하고, 당원들이 참여하는 아래로부터의 당내 민주주의 활성화나 시민과 함께하는 정당 활동은 불가능해진다. 대개의 경우 그 자체가 불법일 수 있다.

애초에 지구당을 없앤 이유는 무엇일까. 정치가 기득권 세력과 결탁하고 부정부패가 심해지면서 그 원흉으로 지목되었던 게 지구당이었다. 하지만 그와 관련한 논의가 제대로 이루어지고 대안이 모색되었다기보다는 정치권의 의견 또한 여론에 따라 출렁거렸다고 하는 게 타당할 것이다. 선거 때마다 재벌 대기업의 정치 비자금이 불거지고 돈 받은 정치인 명단이 사람들 입에 오르내렸던 것도 지구당의 폐해 때문이었다고 하는 등 지구당 폐지는 돌이킬 수 없는 대세가 되었다. 그러나 당시 지구당 폐지를 반대했던 노무현 대통령은 2003년 12월 17일 다음과 같은 공개서한을 국회에 보냈다.

지구당은 국민들이 정당에 참여하는 가장 중요한 통로입니다. 정당정치의 주춧돌입니다. 참여민주주의의 확대가 시대의 추세라는 점에서 더욱 그렇습니다. 분권과 자율이라는 시대정신에도 맞습니다. 그런 점에서 지구당을 폐지하기보다는 운영을 혁신하는 것이 올바른 개혁 방향이라고 생각합니다.

그러나 지구당 폐지는 당시 열린우리당의 당론이었고 당정 분리가 현실화한 상황에서 대통령의 의견은 제한적일 수밖에 없었다. 민주노동당 역시 지구당 폐지에 반대했지만 13석 의석의 정당이 갖는 영향력으로는 정치 불신을 넘을 방법이 없었다. 시민단체 일각에서도 풀뿌리 정치의 근간인 지구당을 없앤다면 정당의 상향식 민주주의의 토대가 사라지는 것이라고 우려했지만 그 목소리는 크지 않았다. 그 결과 1962년 이후 40여 년 이상 존재했던 지구당이 갑자기 사라져버렸다. 이를 지켜본 어느 독일인 연구자는 다음과 같이 말했다.

> 전형적인 정당 국가인 독일에서 태어나고 자란 사람의 사고로는 지구당 제도의 폐지와 같은 놀라운 일이 벌어질 수 있다는 것은 상상할 수도 없는 일이다. 국민의 정치적 의사 형성 과정에서 가장 기초적인 단위라고 할 수 있는 정당의 지역 조직을 법으로 금지한다는 것은 민주주의의 기본 원칙을 훼손할 수 있는 심각한 사건이었다.[3]

---

3 하네스 B 모슬러, 앞의 책

그런데 이처럼 심각한 사건이 일어난 뒤 이에 대한 긍정적 혹은 부정적 효과에 대한 평가가 제대로 내려진 적이 없다.

# 지구당과 시민이 사라진 지역정치

지구당과 시민단체가 사라지고 시민과의 소통 통로가 없어지자 지역정치는 정치인 개인의 인지도와 지지도를 올리는 판촉 행사의 성격이 커졌다.

정치인이 수백 개의 단체가 여는 행사에 '내빈'으로 참석해 악수를 하거나 축사를 하는 게 정치 활동의 거의 전부가 되다시피 했다. 그러다 보니 지역 정치인의 주요 능력은 얼마나 겸손하고 성실하게 지역 일정을 잘 소화하느냐 하는 것이 되었다. 신념이나 가치관 혹은 정책 능력은 그다지 중요하지 않다. 시민과 애써 소통하고 토론하려고 할 필요도 없고, 민원 해결 이상의 정책적 대화는 서로 불필요하다. 두 손으로 악수 잘하고 아침부터 저녁까지, 관광버스부터 김장 행사까지 잘 찾아다니는 능력이면 누구나 시의원, 국회의원, 시장 선거를 욕심낼 만하다. 왜 정치를 하고 어떤 정치를 해야 하며 이 지역을 위해 무엇을 해야 하는가, 도대체 시민들은 무엇을 원하는가는 중요하지 않다. 민원이 무엇인가를 파악해서 그중 일부를 해결하는 정도면 충분하다. 정치인과 시민의 관계가 대변인과 주인의 관계가 아니라 권력자와 민원인의 관계에 불과하기 때문이다. 그 권력자가 깊숙이 머리 숙여 인사하는 때가 오면 시민들은 투표를 한다.

이런 상황에서 당원은 더 이상 당의 주체가 아니다. 냉정하게 말해 당원은 경선에서 후보를 찍는 사람을 가리키는 말이 되었다. 경선 때만 되면 모든 예비후보들이 자신을 지지할 사람에게 당원 가입을 호소했기 때문에 경선이 많이 치러진 지역일수록 권리 당원 수가 많다. 민주당의 경우 매월 천 원 이상의 회비를 내는 권리 당원은 총선이나 대선 때 우선적으로 경선 투표에 참여할 수 있다는 게 권리의 전부이다. 국민참여경선이 채택되면 그마저 특별한 권리가 아니다. 게다가 지구당 차원의 활동이 불가능한 탓에 일상적인 당원 활동은 거의 존재하지 않고 중앙당이나 도당 역시 투표나 여론조사 때 외에는 당원들에게 관심을 기울이지 않는다. 당비도 워낙 적은 액수이다 보니 당 운영에서 큰 비중을 차지하지도 않는다. 정치 전문가들은 이런 당원을 종이 당원이라고 칭한다.

초짜 정치인을 위한 지역정치 오리엔테이션 역시 존재하지 않는다. 무조건 뛰어들어 겪어보면 안다는 식이다. 실제로 지역 민원은 몇 개월 정도면 대략 파악할 수 있는데, 능력이 있어서 일부 해결이라도 하면 좋겠지만 듣고만 있는 것으로도 충분하다. 그렇게 들어둔 모든 지역 민원이 선거 때 후보 공약의 기반이 된다. 국회의원이라면 지역 민원을 잘 들어두었다가 선거 전에 예산이나 관련 법안으로 통과시키고 선거 홍보물에 업적으로 내걸면 된다. 굳이 시민들을 만나거나 함께 해결할 필요도 없다. 자칫 그런 활동이 불법으로 고소 고발될 수도 있기 때문에 오히려 신중을 기해야 한다.

이런 상황에서 지역을, 현실을, 세상을 시민과 함께 바꿀 수 있는가를 고민한다면 꿈 깨라는 이야기를 듣거나 정치에 맞지 않는 정치인이라는 평을 듣기 십상이다. 그보다는 표 모으는 기술에 집중하라는 충고를 듣게 될 것이다. 내 편을 한 사람이라도 더 만들고 그렇게 해서 당선이 되면 내 편에게 어떻게든 혜택을 주도록 고민하는 것이 현명하다는 것이다. 주위에 촘촘한 이해 관계망과 사조직을 만들지 못하면 선거에서 진다. 결국 정치인에게 시민은 투표할 머릿수이고, 표를 얻기 위한 이미지 관리나 평판 관리, 판촉 행사 기술에 능한 사람이 유능한 정치인이 된다.

거꾸로 시민의 입장에서는 여당이든 야당이든 지역 정치인은 다 비슷비슷하다. 모두가 금배지를 달기 위해 기술을 펼쳐 보인다. 좀 더 양심적이고 겸손하며 따뜻하고 투명한 사람이면 좋겠지만 그것을 알 방법이 없다. 그러다 보니 우리 지역 사람이다, 어느 학교를 나왔다, 그 부인이나 남편이 이 지역 출신이다 하는 지역 연고. 사람이 착하다, 겸손하고 인사성이 밝다, 행사에 자주 보인다, 장례식장에 가면 항상 있다는 식의 지역 평판. 어느 대학교 교수라거나 당에서 모셔온 똑똑한 사람이라는 인물평. 이런 것들이 중요해진다. 그래서 뽑아놓고 후회하고 또 그렇게 뽑는다.

# 일상 정치의 복원

정치인에게 지역이 그저 표를 구걸하는 공간이고 지역정치가 판촉 행사에 불과하다면 정치는 결국 기득권 세력의 전유물이 되고 만다. 지역에서 시민이 정치적 의제를 개발하고 현실을 바꾸어내는 주체로 참여하지 않는다면 정치는 과거의 낡은 모습에서 벗어날 수 없다. 그러므로 정치인과 시민이 대리인과 주인의 관계를 회복하고 지역에서 일상 정치를 복원하는 것이 급선무다. 시민을 돕는 것이 정치인데 거꾸로 정치인이 항상 시민에게 도와달라고 한다. 표를 달라 하고 후원금을 달라 하면서 그 대가로 지역 예산을 약간 따오거나 지역 민원을 일부 해결하면 끝이다. 이렇게 해서는 시민의 삶이나 지역의 변화를 만들어내지 못한다. 정치를 바꾸기 위한 노력이 지역에서부터 시작되어야 한다.

크게 두 가지 방향으로 새로운 지역정치 모델을 고민해볼 수 있다. 하나는 지역에서 새로운 시민단체를 만들고 그곳에 정치가 깃들게 하는 방식이다.

예를 들어 정치 아카데미와 같은 정치 교육 중심의 시민단체는 이미 꽤 많이 시도된 방식이다. 전남 광주의 시민대학처럼 시민 스스로 모색하는 사례도 있고 여주·양평처럼 해당 지역위원회가 중심이 된 경우도 있다. 정치 교육이 아닌 도시 재생을 목표로 하는 시민 모임 사례도 있다. 계획도시가 아닌 자연 발생적인 부락을 기반으로 만들어진 도시에서는 대규모 재개발이 더 이상 대안이 아니다. 재개발이 이루어질 경우 지역 주민의 재정착률이 10퍼센트를 넘지 않고 재개발에 따른 이익도 크지 않다. 오랫동안 지역에서 살던 주민이 쫓겨나는 대신 돈 있는 외지인이 개발의 혜택을 받는다. 이런 경험들을 통해 이제는 다양한 방식으로 시민이 주체가 되어 도시 재생을 모색하는 것이다. 도시 재생 말고도 다양한 지역 현안을 중심으로 모일 수도 있다.

이러한 활동들을 정치가 적극적으로 지원하거나 아예 주도할 수도 있다. 일회적인 이슈별 캠페인을 넘어서서 일상적이고 지속적인 활동을 해나가는 것이다. 특히 개별적이고 산발적인 시도들을 모아 유형별로 평가하고 성과를 분석해 공유하는 것이 중요하다. 이 역시 시민들 스스로 할 수도 있지만 정당의 지원이 더해진다면 정치와 시민의 바람직한 결합 모델이 될 수 있다. 일부 지역위원회를 대상으로 청년이나 여성 혹은 노동이나 자영업 문제, 도시재생이나 교육 등에 집중해 모델을 만들어볼 수도 있을 것이다. 즉 지역 현안을 해결하기 위한 시민 모임이 만들어지고 이것을 정당이 다방면으로 지원한다면 정당과 시민 간의 항상적인 접촉은 물론이고, 정치가 지역의 변화에 기여하고 그것을 통해 다시 정치에 대한 시민의 관심을 키울 수 있다. 그러면 시민의 힘으로 정치를 바꾸는 선순환이 가능하다.

두 번째 지역정치에 대한 방향을 모색함에 있어 지구당 복원 혹은 대체 모델에 대한 논의를 시작하는 것이다. 과거의 지구당을 그냥 복원하자는 것은 아니다. 지구당 활동은 천여 명 이상의 사람과 연계되고 엄청난 자금이 필요한 대규모 사업이다. 국회의원 지역사무실을 운영하는 데만 1년에 1억이 넘는 돈이 필요하다는 점을 생각하면 지구당 복원은 그 대여섯 배쯤 되는 자금이 필요한 일이라고 보아야 한다. 그러나 신중할 필요는 있지만 논의를 미뤄서는 안 된다. 지구당이 또다시 부패의 온상으로 지목되지 않도록, 긍정적인 면을 최대화할 수 있는 방법을 찾아야 한다. 이것은 특정 지역위원회나 일부 국회의원이 할 수 있는 일이 아니기에 중앙당 차원에서 TF팀을 구성할 필요가 있다고 생각한다. 더불어 현행 소선거구제를 그대로 유지할 것인가 아니면 중대선거구제를 과감하게 도입할 것인가, 기초의원과 지구당, 지자체장과 국회의원과의 상호관계는 어떠해야 하는가에 대한 검토도 함께 이루어져야 하리라고 본다.

새로운 시민 모임이나 지구당 복원(혹은 대체 모델)에 대한 시도와는 별개로, 시민과 당원의 호응이 큰 프로그램은 더 확산시킬 필요가 있다. 최근 민주당 경기도당의 신입 및 권리 당원 교육은 5천 원의 참가비를 내야 하는 유료 행사였고 선착순으로 참여자를 모았는데도 순식간에 수백 명이 신청했다. 서너 시간 이상 진행된 교육에서도 대부분의 당원이 자리를 지켰고 특히 젊은 층의 참여가 두드러졌다. 정기 당원 모임을 요구하는 사람들도 꽤 있고 다양한 프로그램을 원하는 목소리도 있다. 당원으로서 자긍심을 갖고 지역에서 일상적으로 정치를 통해 삶을 바꾸고자 하는 사람들이 많아진 것이다. 이 기회에 지역에서 차세대 정치인을 교육하고 훈련시키는 프로그램까지 도입할 수 있으면 더할 나위 없이 좋은 일이다.

더불어 모든 시민이 자유롭게 정치 활동을 할 수 있는 법 제도의 마련과 관행의 개선이 필요하다. 여전히 지역에서는 자신이 정당의 당원이라는 사실을 밝히지 않는 경우가 많다. 학교 운영위원회라든가 각종 단체장 선거에서 불이익을 받지나 않을까 우려하기 때문이거나 사실상 법적 제한이 있기 때문이다. 이래서는 시민이 정치의 주체로 나서기가 어렵다. 정치를 하는 사람은 따로 있고 시민은 보조자의 지위에 머무르게 된다. 정치가 시민의 생활 속으로 깊숙이 들어가 우리 일상과 떼려야 뗄 수 없는 관계로 자리매김 해야 한다. 정치 불신은 정치의 사망 선고이며 정치의 사망 선고는 기득권 세력에게만 유리하다. 광장의 촛불 덕에 정치 불신이 많이 줄어든 바로 그 지점에서부터 정치는 새로운 시도를 해야 한다. 이 것이 권력의 주인인 시민에 대한 정치의 예의이다.

# 정치로 세상을 바꿀 수 있나요

"부의 불평등의 역사는 정치적이며 불평등의 감소나 확대는 정치적 변화에 기인했다."[1]

"여러 국가들의 불평등은 추상적인 시장 원리로부터 자연스럽게 나타난 것이 아니라, 정치에 의해서 형성되고 확대되어 온 것이다."[2]

"[전후 복지국가는] 자유민주주의의 업데이트 판이 아닌 분명 다른 것, 사회민주주의였다."[3]

여러 학자들이 정치와 정치 행위의 중요성을 강조했고 이는 우리 역사에서도 분명히 드러난다. 1960년 4·19 혁명, 1980년 5·18 광주민주화운동, 1987년 6·10 민주항쟁, 민주 정부 10년 그리고

---

1  토마 피케티, 『21세기 자본』, 장경덕 역, 글항아리(2014)
2  조지프 스티글리츠, 『불평등의 대가』, 이순희 역, 열린책들(2013)
3  셰리 버먼, 『정치가 우선한다』, 김유진 역, 후마니타스(2010)

2016년 총선과 탄핵 국면 모두 정치이고 정치를 통한 세상의 변화이다. 변화라는 것이 항상 앞으로만 가는 건 아니어서 돌고 돌아 다시 제자리 혹은 예전만 못한 전락의 경험까지를 견뎌야 할 때도 있지만, 그렇다고 정치가 세상을 바꿀 수 있다는 사실 자체가 부정되는 것은 아니다.

## 정치는 이유가 필요하다

왜 투표를 하는가, 왜 촛불을 드는가, 왜 그 후보를 지지 하는가. 이 모든 것에 자신만의 이유와 답이 있을 정도로, 정치는 매우 의식적인 활동이어야 한다. 더군다나 시민들의 일상적인 정치 행위가 아닌 정치인의 정치 행위라면 더욱 그러하다. 이때 정치인의 이유는 사적이거나 당위적인 것이어서도 안 된다. 적성에 맞아서, 하다 보니, 이 지역에 살아서, 내가 좀 더 잘할 것 같아서, 누군가의 권유 때문에, 부모의 뜻을 이어, 그냥 대통령 혹은 의원이 좋아 보여서, 라고 답하는 정치인이 혹여 주변에 있다면(직접 말은 하지 않더라도 그렇게 느껴지는 정치인이 있다면) 경계해야 한다. 시험공부도 미룬 채 광장에 나가는 청년, 하루 일당을 포기한 채 투표소에 가서 줄을 서는 시민이 있는데, 그들의 대변자인 정치인이 사적이거나 당위적이기만 한 이유를 들거나 애매모호한 태도를 보인다면 그것은 정치가 아닌 기득권 챙기기이다.

정치를 통해 세상을 바꾸겠다는 강철 같은 의지가 있어야 변화를 시도라도 할 수 있다. 어느 TV 드라마에 나온 것처럼 "정치란 백성과 동무가 되는 것이 아닙니다. 힘 있는 자가 통치를 하고 백성을 인도하는 것입니다."[4]라는 생각이나 힘에 대한 욕망만 가득하다면 권력을 가질 수 있을지는 모르지만 세상을 바꿀 수는 없다. 공적인 이유가 없는 정치는 탐욕과 부패와 타락만을 남긴다. 체코공화국의 초대 대통령이었던 바츨라프 하벨은 "[정치에서] 처음에 순수했을 의도는 중요하지 않습니다. 타락의 순간을 인지할 수 있어야 권력자는 비판적 거리를 유지할 수 있습니다."[5]라고 강조한다. 처음에는 의지나 이유를 가졌더라도 정치의 과정에서 그것들은 정말로 쉽게 사라져버리고 자신이 누리는 권력과 특혜는 당연한 것으로 여겨지기 십상이라는 경고이기도 하다.

4  KBS에서 방영한 드라마 <구르미 그린 달빛> 중에서
5  바츨라프 하벨, 『불가능의 예술』, 이택광 역, 경희대학교출판문화원(2016)

## 정치 리더십의 새 모습

변화의 시기에 정치인은 미래를 향해 열려 있는 정치적 리더십을 가져야 한다. 이 리더십은 사명(mission), 위치(position), 반응(reaction)의 세 가지로 구성된다.

'사명' 즉 미션은 시대정신에 대한 통찰이자 시대정신에 기반한 신념과 가치관이다. 베버가 말한 신념윤리를 떠올리면 될 것이다.[6] 시대정신에 부응하지 못하는 정치인은 매력이 없다. 정치인이 시대의 영혼을 느끼지 못한다면 그의 말과 행위는 어떤 열정도 불러일으키지 못한다. 정치가 매우 의식적인 활동이기에 열정은 더욱 중요하며, 열정을 불러일으킬 수 있는 정치인이어야 세상을 바꾸는 데 기여를 할 수 있다. 결국 사명은 왜 정치하는가, 어떻게 세상을 바꿀 것인가에 대해 정치인 스스로가 가진 답이자 확신이다.

두 번째로 '위치' 즉 포지션은 누구를 위해 무엇을 할 것인가, 누구 편에 설 것인가라는 점에서 정치적 성향이나 정책 공약을 가리키기도 하지만, 그것을 집행하는 책임 있는 지위를 뜻한다는 점에서 베버의 책임윤리와 비슷하다. 바꿔 말해서 포지션은 정치를 어디에 세울 것인가, 즉 내가 누구의 편에 서서 정치를 펼칠까 하

---

6 막스 베버, 『직업으로서의 정치』, 전성우 역, 나남(2011)

는 것이기도 하고 정치인으로서 어떤 권력을 행사할 것인가, 예컨대 대통령직 출마냐 국회의원직 출마냐를 결정하는 것이기도 하다. 정치인과 사회운동가의 차이는 여기에서 나타난다. 사회운동가는 신념을 갖고 헌신적으로 주장하고 활동하는 것으로 충분할 수 있지만 정치인은 자신의 신념을 관철시키는 능력을 갖고 있어야 한다. 그런 점에서 정치적 리더십 중 선거에서 실패한 낙선 정치인이 가장 갖기 힘든 것이 포지션이다.

세 번째로 '반응'은 새로운 시대에 요구되는 리더십의 전제 조건이다. 과거에는 사명과 위치만으로 충분했지만 이제는 반응, 즉 리액션이 꼭 필요하다. 그것이 '여러분의 시대'를 여는 열쇠이기 때문이다. 여러분의 시대의 주인공은 여러분, 바로 시민이다. 따라서 정치인과 정당은 시민의 반응(메시지)에 주목해야 한다. 더 이상 정치인이나 정당이 만드는 정책이나 주장이 일방통행하지 않는다. 시민이 제기하는 메시지가 우선이다.[7] 시민이 만들어내는 반응과 소통하고 공감하는 것이 정치의 기본 역할이다. 그럴 때라야 정치를 통해 세상을 바꿀 가능성이 커진다.

---

7  피터 힌센, 『뉴 노멀-디지털 혁명 제2막의 시작』, 이영진 역, 흐름출판(2014)

## 촛불에 진 빚을 갚아야

탄핵 국면을 전후해 야당, 그중에서도 민주당과 민주당 대선 후보의 지지율이 두 배 이상 올랐다. 민주당이 두 배 이상 잘해서일까. 민주당 대선 후보가 모두 훌륭하지만 그들이 두 배 이상 잘해서는 아니다. 촛불의 힘, 시민의 정치 참여가 세상을 바꾸고 정권 교체의 가능성을 높였다. 촛불이 타오르지 않았다면 국회에서의 탄핵 가결이나 새누리당이 둘로 나뉘는 일도 없었을 것이다. 정치인의 이름이 실검 1위에 오르고 국회의원들에게 소액 후원금이 쏟아지는 것도 촛불의 힘이다. 기존 정치나 정치인이 능력을 발휘해서가 아니다.

시민은 충분히 싸웠다. 이제 정치가 싸워야 한다. 정치가 시민에 대한 예의와 도리를 지키고 정의의 길로 가야 한다. 그것이 촛불에 진 빚을 갚는 출발점이다. 대단하고 거창한 정의를 말하는 게 아니다. 알바를 시민으로 만들고 최소한의 국민기본선을 보장하는 것, 종이에 쓰인 글자에 불과한 헌법 정신을 삶의 규칙으로 만들고 사람들이 직접 경험할 수 있게 하는 것, 그 정도만이라도 박수를 보낼 것이다.

정치권이 시민이 냈던 용기의 절반만이라도 발휘한다면 국민기본선은 보장할 수 있다. 1일 8시간 1주 5일만 일하고, 일하는 사람은 누구나 최저임금은 넘겨서 받고, 일하지 못할 사정이 생기면 최저임금의 80퍼센트를 평균 6개월 정도 받고, 비정규직의 노조 가입률이 열 배쯤 오르고, 일하는 모든 사람에게 산재보험이 적용되는 것. 이런 것들은 입법 통과 없이도 어느 정도 이룰 수 있다. 여기에 주거, 교육, 복지의 사각지대를 줄일 수 있는 정책을 결합시켜서 국민기본선의 10가지 기준을 설정하고 집행하면 촛불에 진 빚의 일부를 갚을 수 있다.

끝없는 경쟁과 효율성 압박에 시달리는 시민들은, 1퍼센트 재벌 대기업이 고용계약도 없이 지배하는 하청 사회에서 생존해야 하는 시민들은, 주인으로서의 정치적 행위는 엄두도 못 낸다. 4,000일 넘게 정규직 전환을 요구해온 KTX 여승무원, 10년이 넘도록 현대자동차의 불법 파견에 저항한 사내하청 노동자들, 삼성의 직업병 문제 해결을 위해 강남역 8번 출구에서 기약 없는 천막 농성을 하고 있는 백혈병 사망 유가족들, 현대자동차 사옥 앞에서 불법과 폭력을 규탄하는 유성기업 노동자들…. 이 목소리들 뒤에는 부당하게 해고되고 산재로 죽거나 자살하고 좌절하면서도 순응할 수밖에 없는 더 많은 사람이 있다. 이들이 먹고사는 압박에서 벗어나 스스로 보고 듣고 말할 수 있어야 비로소 멈춰버린 민주주의가 다시 작동할 것이다. 이를 위한 최소한의 조건이 국민기본선이다. 어찌 보면 무척 관대한 요구이다. 나라가 이 지경이 되도록 무엇을 했느냐고 묻지도 따지지도 않고 오직 용기를 내어서 최소한만 하라고 격려하는 것에 불과하니 말이다.

## 시민의 정치

정치권에서는 지금 대통령 선거를 준비하고 개헌을 이야기한다. 그러나 시민단체도 지구당도 사라지고 시민을 주체로 세울 정치적 공간이 존재하지 않는 상황에서 이 같은 논의들은 권력을 어떻게 나눌까 하는 데에서 그치기 십상이다.

　보통의 시민들 특히 청년들이 제도 정치에 직접 뛰어들 수 있는 구조는 없다. 과거에는 학생운동이나 사회운동에서 훈련된 사람들이 들어올 수 있었지만, 지금은 좁은 문이거나 사실상 그 문마저 닫혔다. 시민이나 당원에 대한 기본 정치 교육도 존재하지 않는데 어디서 정치를 배우고 어디서 훈련을 받고 어디서 소양을 쌓겠는가. 누구나 할 수 있지만 아무나 해서는 안 되는 것이 제도 정치라는 점에서 정치적 리더십을 갖춘 정치인을 꾸준히 길러낼 수 있는 기본적인 체계가 필요하다. 지구당 복원 이전이라도 정치 아카데미나 그와 유사한 정치 교육 시스템이 필요하며 정기적인 소통을 통해 시민의 메시지를 담아낼 수 있어야 한다. 또한 개헌 이전이라도 선거구제 개편이 먼저 되었으면 한다. 그래야 다양한 의견을 가진 집단이 소수 정당으로 뭉쳐 새로운 정치를 꿈꿀 수 있다. 제도 정치의 변화는 시민을 향해 정치의 문을 여는 것에서 시작된다. 국회의 담장도 없애고 제도 정치의 벽을 허물어야 한다.

정치가 시민을 향해 열리는 것과 동시에 시민 스스로의 정치를 시작하는 것 역시 중요하다. 시민이 추종자에서 참여자로, 참여자에서 주체로 설 때만이 시민 없는 민주주의가 시민의 민주주의로 바뀐다. 투표만이 아닌 표현의 자유, 양심의 자유, 결사의 자유, 집회의 자유 등 헌법이 보장한 모든 자유를 행사하고 누려야 한다. 이를 위해 끊임없이 모여야 한다. 노조를 만들어 행동하고, 작은 독서회에서 토론하고 소통하며, 대자보를 쓰거나 촛불을 켜고, 세월호 리본을 달고 포스트잇을 붙이며, 단체를 만들고 시국회의를 구성하는 것 등등 온갖 채널과 플랫폼으로 지역과 일상을 거미줄처럼 엮는 것, 이 모두가 광범위한 의미의 정치이다. 광장의 정치가 의회의 정치를 이끌면서 만들어낸 탄핵처럼 시민의 정치가 제도 정치와 결합해야만 세상을 바꿀 수 있다. 의회 혹은 제도 정치만 있으면 기득권 세력이 장악하기 쉽지만 시민 정치가 널리 퍼져 있으면 기득권 세력이 함부로 장악할 수 없다.

## 청년, 정치하라

무엇을, 어떻게 해야 하나? 당장 방법을 찾지 못한다고 초조해할 필요는 없다. 정권 교체가, 조금 더 정의로운 정치인이 시민을 위해 시간을 벌어줄 수 있다. 그러면 아주 작은 것이라도 시작하면 된다. 여러분은 이미 시작했다. 18세 선거권 확보, 국정교과서 전면 폐기, 소녀상 지키기, 알바 권리 주장 등 다양한 사회적 의제를 가지고 청년들이 모이고 있다. 학교 청소 노동자들의 인권을 위해 모였다는 대학생들도 있고, 좋은 강사를 불러 강의 듣고 서로 이야기라도 나누기 위해 자발적으로 회비 내서 전국적으로 모였다는 고등학생들도 있다. 제도 정치가 저절로 시민의 편에 서지 않는다는 것을 이미 알고 있는 청년들, 꾹꾹 눌러왔던 그들의 목소리가 터져나오기 시작했다.

청년들은 디지털 세대로서의 여러 장점을 갖고 있다. SNS에 익숙하고 온라인과 오프라인 세계를 넘나든다. 팬클럽도, 시민의 정치 플랫폼을 만드는 것도 순식간에 뚝딱이다. 청년이야말로 디지털 시대의 원주민인 것이다. 물론 이 시대의 원주민이라 하여 곧바로 자신의 시대를 여는 것은 아니다. 구시대의 힘, 기득권의 힘은 상상하기 어려울 정도로 강하다. 하지만 불온할 능력이 없던 청년들이 용감하게 나섰다. 스스로 주인이라고 시민이라고 선언했다. 청년들이 자신감을 갖게 된 건 엄청난 자산이다.

이 책에서 내가 왜 정치를 하는지 나름대로 답을 하고자 노력했다. 사람은 남성이든 여성이든, 청년이든 노인이든, 장애가 있든 없든, 1등이든 꼴등이든, 재벌가에서 태어났든 서민으로 태어났든 모두가 존엄하다. 내가 만났던 노동자, 학생들, 세월호 가족과 광장의 시민들, 이 모두가 존엄해야 나 역시 존엄할 수 있다는 것을 알고 있다.

두렵고 무서운 시간들, 마음 아프고 눈물 나는 경험들이 인권과 존엄을 뼛속 깊이 새기게 했다. 인권과 존엄이 훼손되거나 줄어들거나 사라질 때마다 고통스럽기 때문에 나는 정치를 한다. 그래서 부족한 정치인이지만 여러분의 시대를 함께 열기 위해 노력할 것이다. 여러분과 함께 희망을 마중할 수 있다면 감당하기 힘든 명예일 것이다.

# 은수미의 희망 마중

2017년 3월 15일 초판 1쇄 인쇄
2017년 3월 25일 초판 1쇄 발행

지은이 은수미
그린이 유승하
펴낸이 윤지환
편집자 조남주
디자인 표지 아이디스퀘어, 본문 정진선
펴낸곳 윤출판
출판신고 2013. 2. 26. 제2013-000023호
주소 경기도 성남시 분당구 불곡남로 29번길 8, 1층
전화 070-7722-4341    팩스 0303-3440-4341
전자우편 yoonpub@naver.com

ⓒ 은수미 2017
ISBN 979-11-87392-04-0  03340

이 도서의 국립중앙도서관 출판사도서목록(CIP)은 서지정보유통지원시스템
(http://seoji.nl.go.kr)과 국가자료 공동목록시스템(http://www.nl.go.kr/kolisnet)에서
이용하실 수 있습니다. (CIP 제어번호: CIP2017006131)